谨以此书献给中国改革开放四十周年

和投身开发区事业的不懈奋斗者

Ride the Waves
Succeed in Endeavors
The Story of Ningbo Economic and
Technological Development Zone

"甬"立潮头　砥砺奋进

——宁波经济技术开发区的发展故事

陈　笑◎著

人民出版社

策划编辑：赵　新
责任编辑：陈文龙
封面设计：林芝玉

图书在版编目（CIP）数据

"甬"立潮头　砥砺奋进：宁波经济技术开发区的发展故事／陈　笑 著.—北京：人民出版社，2019.10

ISBN 978 - 7 - 01 - 021343 - 9

Ⅰ.①甬…　Ⅱ.①陈…　Ⅲ.①经济开发区—技术开发区—概况—宁波

Ⅳ.① F127.553

中国版本图书馆 CIP 数据核字（2019）第 209330 号

"甬"立潮头　砥砺奋进：宁波经济技术开发区的发展故事
YONG LI CHAOTOU　DILI FENJIN　NINGBO JINGJI JISHU KAIFAQU DE FAZHAN GUSHI

陈　笑◎著

人 民 出 版 社 出版发行

（100706　北京市东城区隆福寺街 99 号）

天津联城印刷有限公司印刷　　新华书店经销

2019 年 10 月第 1 版　2019 年 10 月北京第 1 次印刷

开本：880 毫米 ×1230 毫米 1/32　印张：5.75

字数：122 千字

ISBN 978 - 7 - 01 - 021343 - 9　定价：35.00 元

邮购地址 100706　北京市东城区隆福寺街 99 号
人民东方图书销售中心　电话（010）65250042　65289539

目 录

发展历程篇

经验启示篇

前　言

　　1978 年，中国实行改革开放，开始探索从封闭到开放发展的新道路。和许多发展中国家一样，当时的中国面临着资本短缺、技术落后、思想束缚、体制制约等各种障碍。为了解决这些问题，中国于 1984 年开始在沿海港口城市中设立了 14 个经济技术开发区。其目的是推广经济特区经验、突破体制障碍、集中优势资源，在较短的时间内，形成一个有利于引进外资、技术、先进管理经验的"小气候"，从而推动经济发展和技术进步，进行经济体制的改革与试验。此后，伴随中国对外开放从局部到全面的逐步推开，经济技术开发区在全国范围内大规模兴起。中国兴办经济技术开发区是以开放促改革、以改革开放促发展，通过发挥经济技术开发区的示范、辐射和带动作用，加速推进社会主义现代化建设的重要举措。"经济技术开发区已经逐渐发展成为中国区域发展战略的主要平台，推进工业化和城镇化进程的核心支撑。"（李志群等主编：《开发区大有希

望》陈德铭序，中国财政经济出版社，2011年）

　　宁波经济技术开发区（以下简称"NETD"）是中国成立最早、面积最大的国家级经济技术开发区之一。开发区所在的北仑区域多丘陵少平地，三分之二的土地不适宜开发利用。改革开放以来，北仑依托港口兴办开发区，从一片荒凉的盐碱地起步，逐步发展成为一座现代化新城。四十年来，NETD从无到有、从小到大、从弱到强，是开发区中充分利用港口资源实现发展的典型案例。NETD的诞生和发展与中国改革开放的进程紧密相连，发展成就在全国开发区中名列前茅，其探索和实践为中国发展积累了宝贵经验。它的发展是中国经济、政治和社会发展的一个缩影，凝聚了大量的中国智慧和中国方案。

　　本书主要采用扎根理论的研究方法，从原始资料中归纳经验，提炼发展相关理论。原始资料主要包括323卷涉及NETD 34年发展情况的历史档案，61份来自国内和海外政府部门、企业、国际组织、社区的调研访谈，以及50余部（篇）研究宁波和开发区发展经验的文献。其中，不少历史档案是罕见的珍贵资料，大部分调研访谈是最新的一手材料。本书以NETD的发展为主线，回顾中国改革开放以来开发区的发展情况，兼顾海外园区建设的现实关切，尝试对开发区的演变过程和发展逻辑进行分析。本书通过讲述NETD的发展故事，以小见大，梳理总结中国开发区的发展经验，以期为其他发展中国家和地区建设园区提供借鉴。

　　本书正文共分为四部分。第一部分简介篇，介绍NETD的开发概况，展现其开发成就。第二部分发展历程篇，详细讲述改革开放以来 NETD 的演变过程，分析其在不同历史阶段的国内和国际环境、面临的挑战、采取的发展策略和取得的发展成果，揭示发展经验形成过程和演变逻辑。此部分还整理了 7 个专栏和 10 个故事，以便读者更加深入地理解开发区发展过程中的相关理论和现实问题。第三部分经验启示篇，基于 NETD 的案例，提炼中国经济技术开发区的发展经验，为其他发展中国家和地区兴建园区提供参考。第四部分结语，总结全书。

简　介　篇

NETD 成立于 1984 年 10 月，是中国设立的第三个国家级经济技术开发区。它是依托港口兴办开发区的典型代表之一，也是通过开发区建设带动地区成功发展的重要案例。本篇从开发概况和发展成就两大方面，介绍其基本情况。

一　开发概况

NETD 位于浙江省宁波市，最初面积为 3.9 平方公里，1992 年扩大为 29.6 平方公里，2002 年与北仑区实行两区融合。如图 1-1 所示，北仑区位于宁波市东部，地理坐标为北纬 29°41′30″ ~ 30°01′00″、东经 121°38′50″ ~ 122°11′00″，属亚热带海洋性气候。北仑区处于甬江口南岸，三面环海，北临杭州湾，东濒东海，南临象山港，西接鄞州区。区域西北部和中部丘陵与平原相间，东南部为丘陵。2017 年，北仑区陆域面积为 615 平方公里，下辖 11 个街道，总人口 93 万，其中户籍人口为 41 万。

NETD 的标识（见图 1-2）由蓝色（左侧）和绿色（右侧）两部分组成，骨架结构是字母 N 的变体，整体轮廓既似一股汹涌的波涛，又如一面飘扬的旗帜。蓝色象征海洋，绿色象征青山。标识下部字母 NETD 是 Ningbo Economic and Technological Development Zone 的缩写。N 是 Ningbo 的首个字母。标识寓意 NETD 作为国家第一批开发区，在对外开放的大浪中勇立潮头，是引领全国改革开放的一面旗帜。标识设计蕴含了 NETD 改革开放的初心、走向国际的雄心，以及绿色发展的决心。

浙江省

中　国

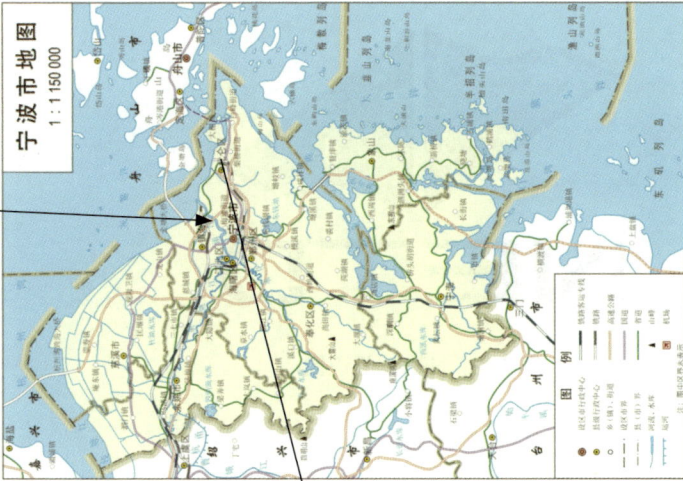

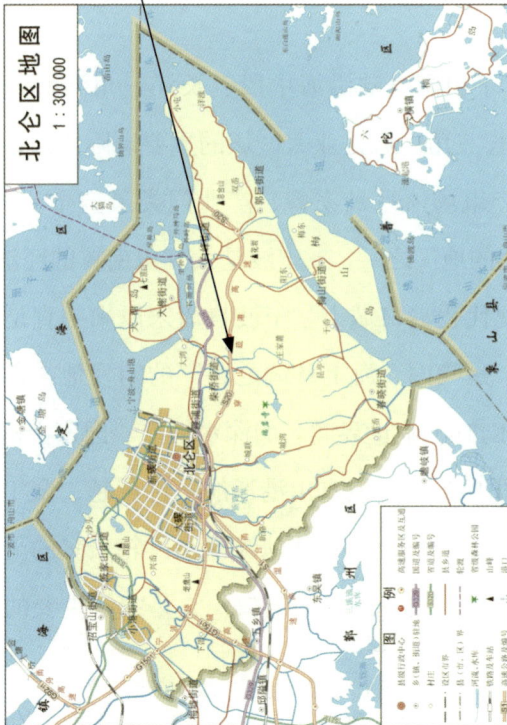

宁波市

北仑区

图 1-1　北仑区区位图

资料来源：国家地理信息公共服务平台

图 1-2　NETD 标识图

资料来源：NETD 管委办

地理区位优势显著

NETD 位于中国大陆沿海中段、长江三角洲南翼，西距宁波市区 28 公里。长三角地区是亚太区域的重要国际门户，也是中国工业城市最密集、市场体系最完善、产业门类最齐全、消费水平最高、市场容量最大的地区之一。[①] 宁波是长三角南翼的经济中心、先进制造业基地、现代化港口城市。宁波自唐宋以来一直是我国对外贸易的重要口岸，是我国"海上丝绸之路"的始发地，是著名侨乡和院士之乡。[②] NETD 濒临世界闻名的深水良港、国家主枢纽港——宁波舟山港（见图 1-3）。宁波舟山港通航条件优越，全年可作业天数达 350 天以上，是中国进出 10 万吨级以上巨轮最多的港口，也是中国大型和特大型深水泊位最多的港口。它是中国重要的集装箱远洋干

---

① 2017年，长三角地区（包括浙江省、上海市和江苏省）的常住人口占全国的11.6%，GDP 占全国的 20.3%，全年货物进出口总额占全国的52.1%。
② 宁波有30多万宁波帮旅居64个国家和地区，宁波籍院士达110名。

线港，最大的铁矿石中转基地和原油转运基地，重要的液体化工储运基地和华东地区的重要煤炭、粮食储运基地。NETD 拥有优越的陆海空集疏运条件（见图 1-4），通过铁路、公路、水路和航空网络与外部相连，内外交通辐射十分便捷。[①]

图 1-3　宁波港区示意图

资料来源：NETD 管委办

---

① NETD直接连接铁路，通过萧甬铁路复线、浙赣线、沪杭线、宣杭线与全国铁路网连接。NETD与沪杭甬高速、甬金高速、甬台温高速及其复线、杭州湾跨海大桥相通。NETD位于中国大陆海岸线和长江T形航线的交汇点。NETD的2小时交通圈内拥有四大国际机场，区内建立国际空运服务体系，可以做到一个海关通关、一支国际空运直通车队运输。

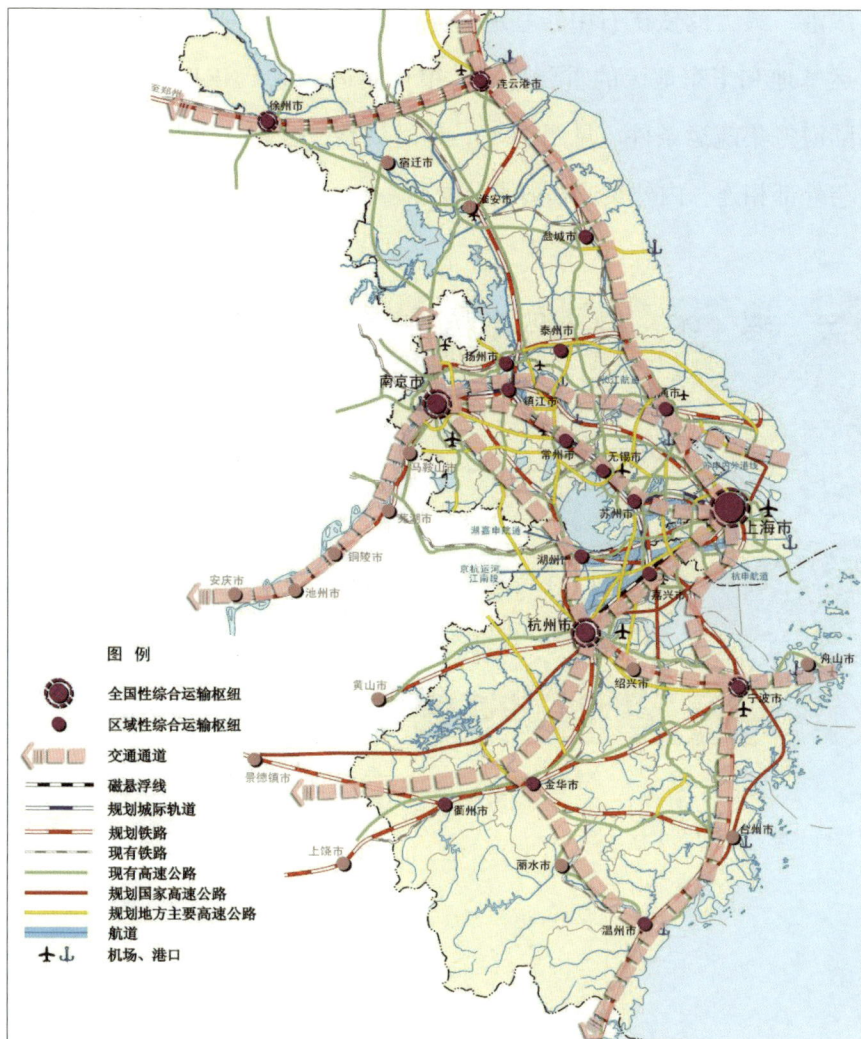

图 1-4　NETD 集疏运条件示意图

资料来源：NETD 管委办

改革开放前哨先锋

NETD 处于浙江省乃至中国开放时间最早且程度最高的区域，毗邻宁波保税区、宁波大榭开发区、宁波出口加工区、宁波梅山保税港区四个国家级开发区（见图1-5）。[①] NETD 的开发建设工作受到中央政府的高度重视。如改革开放总设计师邓小平多次对宁波的开发开放工作做出具体指示，并委派时任中共中央书记处书记、国务委员谷牧督战宁波（见图1-6）。时任国务院总理李鹏先后三次考察宁波港，并挥毫题词"洋洋东方大港，改革开放前哨"（见图1-7）。国务院还专门成立宁波经济开发协调小组，由谷牧担任组长，时任国家计委常务副主任陈先为副组长，聘请世界侨领包玉刚和时任对外经贸部常务副部长卢绪章为顾问，国家和省市重要部门负责同志为成员（见图1-8）。国务院为一个地方的开发工作专门设立协调机构，且成员身份规格如此之高，这是绝无仅有的。

[①] 宁波保税区于1992年11月设立，规划面积2.3平方公里，主功能为外贸加工、国际贸易和保税仓储。宁波大榭开发区于1993年3月设立，规划面积36平方公里，享受国家级开发区政策。宁波出口加工区于2002年6月设立，面积3平方公里，以加工制造和保税物流为主体功能。宁波梅山保税港区于2008年2月批准设立，规划面积7.7平方公里，主体功能定位以国际中转、国际采购、国际配送、国际转口贸易和保税加工等为主。

图 1-5　北仑区域 5 个国家级开发区示意图

注：此图中宁波经济技术开发区所指示的区域仅为 NETD 与北仑区两区融合之前的区域。

资料来源：NETD 管委办

图 1-6　1984 年 8 月，邓小平听取谷牧（右一）关于 NETD 工作的汇报

资料来源：NETD 管委办

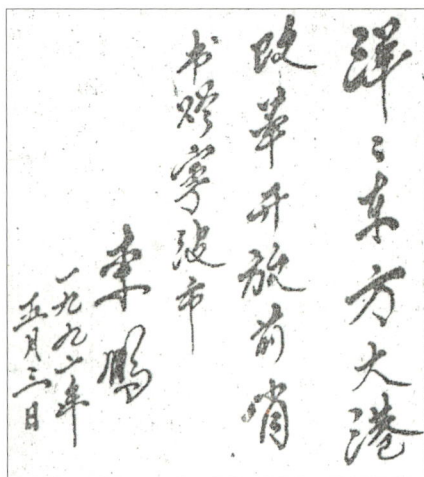

图1-7 李鹏"洋洋东方大港，改革开放前哨"题词

**图1-8 宁波经济开发协调小组合影。前排左一为
陈先，左二为卢绪章，左三为包玉刚，左四为谷牧**

名列前茅引领示范

NETD 的综合实力在全国开发区中名列前茅，并在多个方面起到引领示范作用。根据中国商务部公布的《2017 年国家级经济技术开发区综合发展水平考核评价结果》，NETD 在全国 219 家国家级经济技术开发区中排名第 18 位，在产业集聚和行政效能方面处于全国领先水平。同济大学发展研究院发布的《2017 年中国产业园区持续发展报告》显示，NETD 在中国 596 家国家级园区中，持续发展竞争力综合排名第 23 位。NETD 是国家园区循环化改造示范试点、首批国家低碳工业园区试点、国家生态工业示范园区。它还是首个国家引进国外智力示范区，拥有全国第一个工业社区、全国首个现代港口物流品牌示范区、中国（宁波）跨境电子商务综合试验区。NETD 以其一系列发展理念和实践，成为许多地区的学习范本。[1]

---

[1] 例如2012年以来，NETD对口支援新疆阿克苏纺织工业城（开发区），通过信息沟通、干部交流和项目合作等多种方式，分享开发区发展经验，推动阿克苏经济社会发展。

二 发展成就

北仑区域丘陵多、平地少，大约三分之二的陆地不适宜开发。改革开放前，工业多为农副产品加工、手工业联合体和个体加工作坊，仅有镇海化肥厂、柴桥砖瓦厂、上阳啤酒厂和宁波市第三制药厂等地方国营企业，规模小、产品单一。1985 年，北仑（时名滨海区）的人均 GDP 仅为 1103 元（约 380 美元），而 NETD 的发展为所在区域带来了翻天覆地的变化（见图 2-1）。通过兴办开发区，北仑从一片荒芜的盐碱地起步，发展成为一座现代化新城，2017 年人均 GDP 达到 343679 元（约 50902 美元）。改革开放四十年来，NETD 在经济总量、财政收入、产业实力、对外经济、科技创新、绿色发展和人民生活等各个方面均取得了显著成就。

图 2-1　1985 年（上）和 2014 年（下）的北仑风貌

资料来源：NETD 管委会办

经济总量迅速壮大

如图 2-2 所示，从 1985 年到 2017 年，NETD 的经济实力连续跃上新台阶。GDP 总量从 1985 年的 3.36 亿元迅速增加到 2017 年的 1016.96 亿元，占宁波市 GDP 的比重从 4.7% 上升为 10.3%。1986 年到 2011 年，NETD 的年均 GDP 增速（按可比价计算）达到 14.6%。自 1985 年起，NETD 用 14 年时间突破了 GDP 总量 100 亿元大关，后又用 5 年时间突破了 200 亿元，突破 300 亿元、400 亿元和 500 亿元各用了 2 年，到 2010 年只用 1 年时间突破了 600 亿元。2012 年之后，GDP 增长趋于平稳，增速维持在 7.5% 以上，2017 年为 9.3%，达到近 6 年来的最高值。NETD 的经济发展，与宁波舟山港形成了良好的互动。2017 年，宁波舟山港货物吞吐量完成 10.1 亿吨，居世界港口第一位，集装箱吞吐量完成 2460.7 万标箱，排名全球第四位，增幅居全球前五大港口之首。

（单位：百万元）

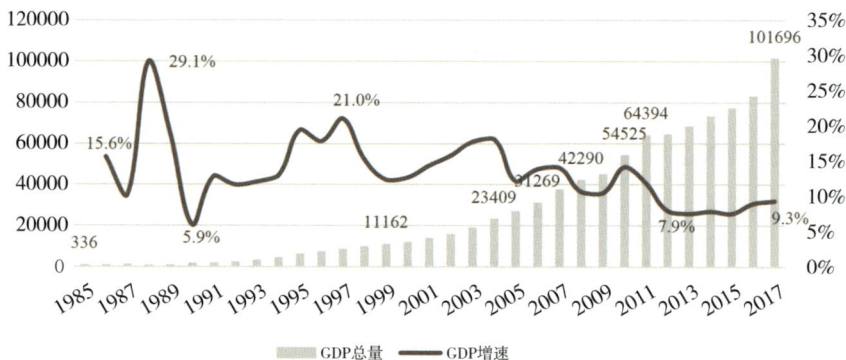

图 2-2　1985—2017 年 NETD 的 GDP 总量与增速

注：为了更加科学地计算 GDP 增速，本图依据 2002 年开发区和北仑区两区融合之后的统计口
　　径（即"北仑本级"），推算 1985—2001 年的 GDP 总量。本书中关于 NETD 的其他数据，
　　若无特殊标注，2001 年及之前采用开发区数据，2002 年后采用北仑本级数据。
资料来源：北仑区统计局

财政收入稳步增加

在过去的 32 年中，NETD 对地方的财政贡献稳步增加（见图
2-3）。NETD 的财政收入由 1985 年的 43 万元，逐步增加到 1997
年的 5.6 亿元。从 1997 年到 2017 年的 20 年间，财政收入在前十
年增加了 64.47 亿元，后 10 年增加了 224.03 亿元，2017 年达到
294.1 亿元。NETD 的财政收入占宁波市财政收入的比重从 1985 年
的 0.0005% 增加到 1991 年的 1.6%，此后急速上升到 1995 年的
8.9%。从 1996 年到 2009 年，比重上下波动在 6.3% 和 10.5% 之间，
于 2009 年回归到 8.9% 的水平。此后比重连续上升（2015 年除外），
2017 年达到 12.2%，创下历史最大值。

（单位：百万元）

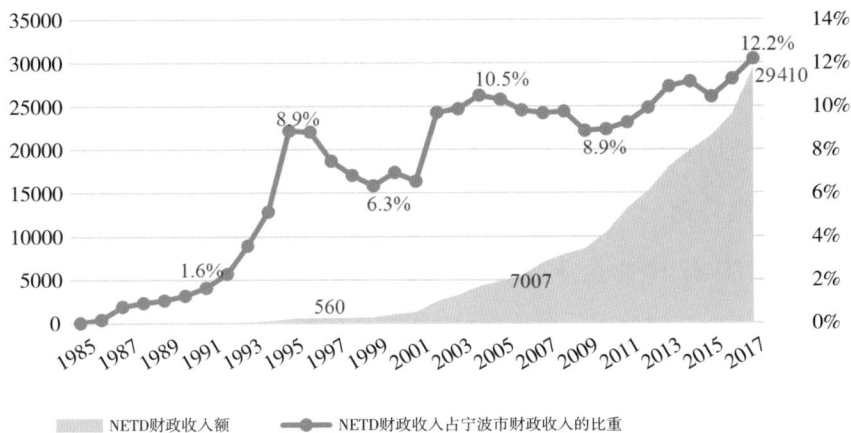

图 2-3　1985—2017 年 NETD 的财政收入

资料来源：宁波统计年鉴、北仑区统计局

产业实力逐渐增强

自 1985 年以来，NETD 的产业竞争力日益提升。NETD 的工业总产值快速增加，从 1986 年的 149 万元增长到 2017 年的 3029 亿元，增长趋势和 GDP 总量的增加势头基本一致。2017 年，按照规模以上工业产值计算，NETD 的前六大产业依次为汽车制造业（占规模以上工业产值的 23.9%）、化学原料和化学制品制造业（占 23.8%）、黑色金属冶炼和压延加工业（占 8.4%）、纺织服装和服饰业（占 6.7%）、专用设备制造业（占 6.4%）、通用设备制造业（占 4.4%）。同时，NETD 的产业结构不断优化。对比 1997 年和 2017 年，第一产业的比重从 2.2% 下降到 0.8%，第二产业的比重从 62.5% 下降到

60%，而第三产业的比重从 35.3% 上升到 39.2%。NETD 还培育了一批市场竞争力较强的企业。如表 2-1 所示，据不完全统计，2017 年 NETD 内有 5 家企业在细分市场上的占有率达到全球第一，包括海天塑机集团有限公司、宁波弘讯科技股份有限公司、宁波安信数控技术有限公司、宁波微科光电有限公司和台晶（宁波）电子有限公司。NETD 有 10 家企业在细分产品市场的占有率达到全球前五，22 家企业达到全国前五，其中 17 家达到全国第一。

表 2-1　2017 年 NETD 的"单打冠军"企业

序号	企　业	主要产品	市场占有率排名
1	海天塑机集团有限公司	塑料注射成型装备	全球第 1
2	宁波弘讯科技股份有限公司	塑机控制系统	全球第 1
3	宁波安信数控技术有限公司	注塑机液压伺服系统	全球第 1
4	宁波微科光电有限公司	红外线扫描电梯光幕	全球第 1
5	台晶（宁波）电子有限公司	压电石英晶体谐振器	全球第 1
6	宁波市北仑海伯精密机械制造有限公司	便携式休闲电动船用推进器	全球第 2 全国第 1
7	宁波继峰汽车零部件有限公司	汽车座椅头枕	全球第 3 全国第 1
8	浙江华朔科技股份有限公司	轻量化涡轮增压器蜗壳系列产品	全球第 5 全国第 1
9	宁波能之光新材料科技股份有限公司	高分子相容剂、增韧剂等	全球第 5 全国第 1

序号	企 业	主要产品	市场占有率排名
10	浙江逸盛石化有限公司	精对苯二甲酸 PTA	全球第 3 全国第 2
11	宁波东方电缆股份有限公司	海底电缆 + 水下生产系统脐带缆	全国第 1
12	宁波中药制药股份有限公司	食品添加剂 （姜黄素）	全国第 1
13	宁波拓普集团股份有限公司	橡胶减震器	全国第 1
14	雪龙集团股份有限公司	汽车用柴油发动机冷却风扇总成	全国第 1
15	宁波旭升汽车技术股份有限公司	电动汽车变速箱箱体	全国第 1
16	贝发集团股份有限公司	圆珠笔	全国第 1
17	捷胜海洋装备股份有限公司	捕捞机械	全国第 1
18	宁波信泰机械有限公司	橡胶密封件	全国第 1
19	宁波球冠电缆股份有限公司	专用线缆	全国第 4
20	宁波海天精工股份有限公司	加工中心（数控）	全国第 4
21	宁波亚洲浆纸业有限公司	白纸板	全国第 5
22	宁波凯耀电器制造有限公司	LED 灯	全国第 5

资料来源：北仑区发改局

对外经济显著增长

　　NETD 的对外贸易明显增长。外贸进出口总额从 1985 年的 0.002 亿美元（出口 0.002 亿美元，进口为 0），增长到 2017 年的 226.56 亿美元（出口 115.57 亿美元，进口 110.99 亿美元），占全市进出口总额的比重从 0.37% 上升到 15.7%。全区规模以上工业企业[①]出口交货值 2017 年达到 413.1 亿元，出口交货值占工业总产值的比重从 1986 年的约 0.8% 上升到 14.53%。外贸市场由原来的以亚洲为主，逐步发展到与 220 个国家和地区建立贸易关系。1985 年，出口商品仅 20 余种，以农副产品、水产和畜产品为主，2017 年达到 4600 余种，形成了机电、纺织、服装、文体和高新技术产品五大系列，产品的科技含量和附加值逐步提高。如图 2-4 所示，对比 1997 年和 2017 年，二十年间机电产品的出口额比重上升了 20.3 个百分点，高新技术产品的比重增加到 2.5%，而文体教育用品和服装纺织类产品的比重分别下降 6.3 个百分点和 9.2 个百分点。

---

① 规模以上工业企业是指年主营业务收入在2000万元以上的工业企业。

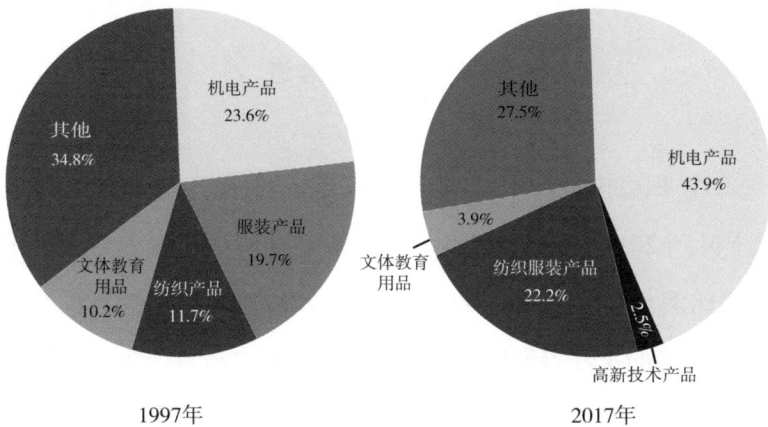

图 2-4　1997 年和 2017 年 NETD 的出口产品类型与比重

资料来源：北仑区统计局

　　NETD 利用外资总量大幅提高。外商投资总额从 1985 年的 0.06 亿美元增加到 2017 年的 44.94 亿美元，合同利用外资从 1985 年的 0.01 亿美元增加到 2017 年的 14.08 亿美元，实际利用外资从无到有，2017 年达到 10.22 亿美元。截至 2017 年年底，累计引进外资项目 2350 个，其中投资千万美元以上项目 688 个，项目投资总额达到 461.95 亿美元；合同利用外资累计 245.57 亿美元，实际利用外资累计 140.70 亿美元；有 86 家世界 500 强企业在开发区投资。

　　NETD 对外合作不断拓展。2017 年，实现新批境外投资项目 23 个，核准中方投资额 4.55 亿美元，实际中方投资额 3.02 亿美元，总量均领跑宁波市。实现外经营业额 1.59 亿美元，完成服务外包执行总额 38.65 亿元，实现离岸服务外包执行额 23.56 亿元，2017 年年末全区服务外包企业达 130 家。

科技创新不断推进

NETD 积极推进技术创新。科技活动经费投入从 1999 年的 0.58 亿元上升到 2017 年的 32.15 亿元。如表 2-2 所示，R&D 经费支出占 GDP 的比例从 2003 年的 0.86% 上升到 2017 年的 3.15%。授权专利量由 1986 年的 1 件增加到 2017 年的 2849 件，高新企业数量由 2003 年的 65 家增加至 2017 年的 164 家。截至 2017 年年底，国家级专利示范企业 1 家，国家级知识产权优势企业 12 家，省级专利示范企业 30 家，市级专利示范企业 51 家；国家级企业工程中心 3 家，省级 53 家，市级 142 家；人才总数达到 24.6 万人，引进海外专家累计 7000 人次；拥有驰名商标 2 个，省著名商标 30 个，市知名商标 57 个，省名牌 41 个，市名牌 36 个。

表 2-2　2003—2017 年 NETD 科技创新情况

年份	高新企业数（家）	授权专利（件）	R&D 经费支出占 GDP 比例
2003	65	—	0.86%
2004	29	—	1.4%
2005	39	339	1.47%
2006	50	452	1.94%
2007	58	656	2.05%
2008	69	751	1.93%
2009	88	1022	1.98%

年份	高新企业数（家）	授权专利（件）	R&D 经费支出占 GDP 比例
2010	73	1414	2.04%
2011	86	1681	2.21%
2012	100	2530	2.43%
2013	117	3109	2.59%
2014	119	3215	2.56%
2015	127	3909	2.81%
2016	139	3050	2.82%
2017	164	2849	3.15%

资料来源：北仑区统计局

绿色发展持续推动

NETD 持续推动绿色发展。如图 2-5 所示，从 2011 年到 2017 年（除 2015 年外），单位 GDP 能耗连续保持下降态势，2017 年的下降率达到 3.45%。7 年来累计下降 24.9%，节能降耗取得显著成效。如图 2-6 所示，在 2006 年到 2017 年期间，可吸入颗粒物 PM10 从 2007 年的 89 $\mu g/m^3$，逐步下降到 2017 年的 54 $\mu g/m^3$，Ⅲ类水[①] 功能区水质达标率从 2007 年的 20%，稳步上升到 2017 年的 90%，生态环境质量明显改善。

---

① Ⅲ类水为河流断面水质状况良好的水，其功能为饮用水源地二级保护区、鱼虾类越冬场、洄游通道、水产养殖区、游泳区。

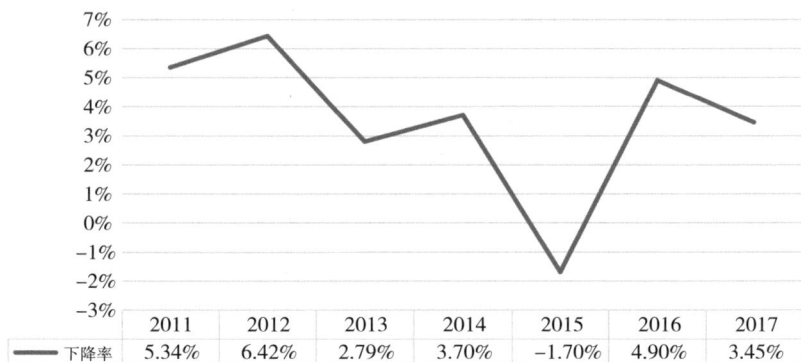

	2011	2012	2013	2014	2015	2016	2017
下降率	5.34%	6.42%	2.79%	3.70%	-1.70%	4.90%	3.45%

图 2-5　2011—2017 年 NETD 的单位 GDP 能耗

资料来源：北仑区经信局

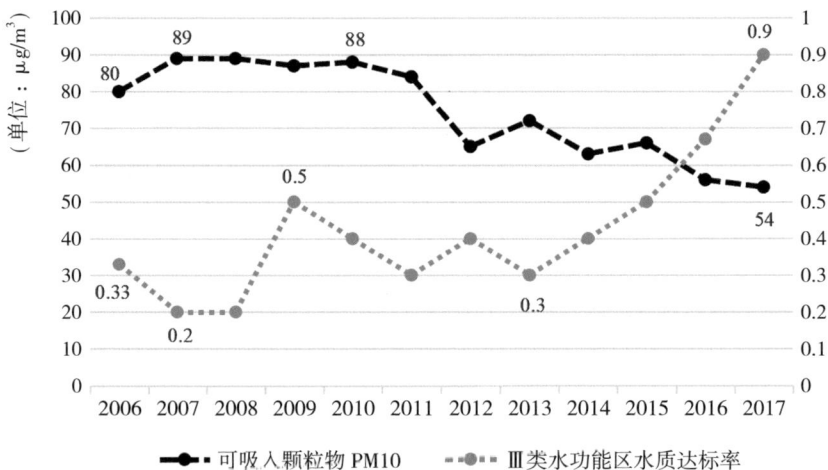

图 2-6　2006—2017 年 NETD 的空气和水体质量

资料来源：北仑区环保局

人民生活日益改善

自 1986 年以来，NETD 区内人民生活水平不断提高（见图 2-7）。2013 年，城镇居民人均可支配收入达到 41729 元，农村居民人均纯收入达 22605 元，按现价计算，分别比 1990 年增长 21.3 倍和 17.3 倍。在 2014 年城乡一体化改革后，2017 年居民人均收入达到 50755 元。衡量城乡居民生活质量的恩格尔系数[①] 逐年下降，分别从 1990 年的 57.3% 和 49.2%，下降到 2013 年的 34.3% 和 38.0%。2017 年居民的恩格尔系数为 32.1%。此外，NETD 解决了大量人口的就业问题。除户籍人口以外，NETD 吸引了大量外来人口前来就业。从 2008 年到 2017 年，北仑区流动人口在册登记人数从 47.4 万人增加到 56.3 万人（见图 2-8）。2018 年 11 月，流动人口超过 53.7 万人，其中 81.5% 为务工人员。

---

① 恩格尔系数是指食品支出总额占个人消费支出总额的比重。

（单位：元）

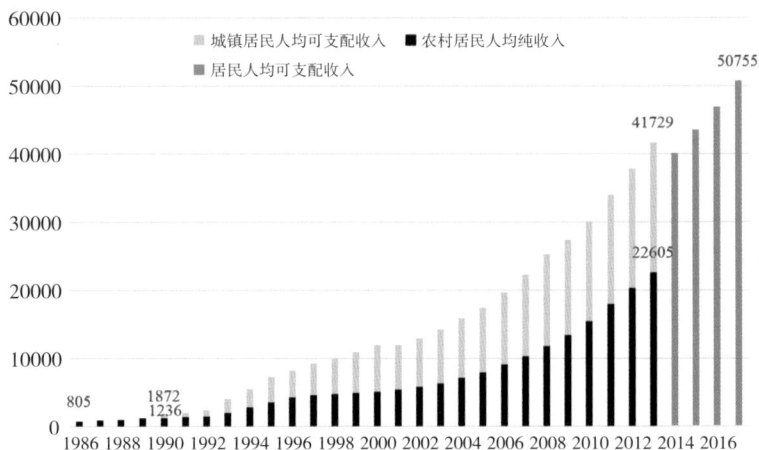

图 2-7　1986—2017 年 NETD 的居民收入

注：由于住户调查进行城乡一体化改革，2014 年起居民收入数据采用新统计口径。

资料来源：北仑区统计局

（单位：万人）

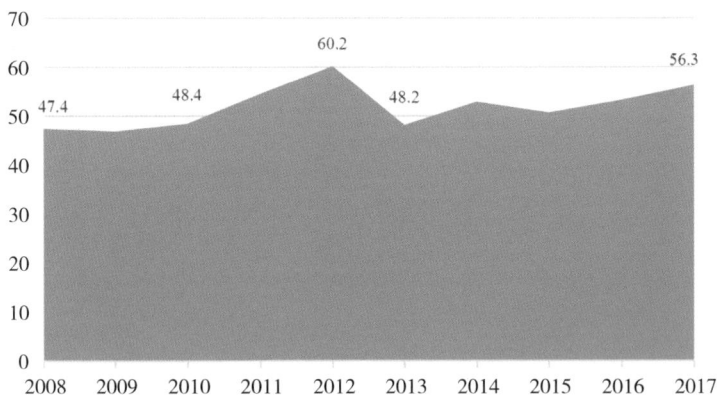

图 2-8　2008—2017 年北仑区流动人口在册登记人数

资料来源：北仑区流动人口智能服务平台

发展历程篇

改革开放以来，NETD 经历了国际国内环境的风云变化，其面临的问题和挑战多种多样、层出不穷。开发区建设者们在思想理念的指引下实干兴邦，充分运用治理能力，不断改革创新、提升产业竞争力，推动地区持续发展，增进人民福祉。根据国际国内形势和开发区自身情况，NETD 的发展历程大致可以分为缘起大港、筑巢引凤、实业立区和产城融合四个阶段。本篇就这四个阶段，详细讲述开发区的发展故事，并揭示发展经验的形成过程与演变逻辑。

一　缘起大港（1978—1984）

建立开发区是一个非常难得的发展机遇，全国各地之间的竞争十分激烈。NETD 的设立离不开改革开放的天时、深水良港的地利、宁波帮的人和，同时也是浙江省和宁波市各级领导干部敏锐洞察、抢抓机遇、积极有为的结果。

改革开放创造机遇

第二次世界大战结束后，国际政治经济格局出现了资本主义和社会主义两大阵营对立的局面。中国虽然是社会主义阵营的成员，但由于 20 世纪 50 年代末中苏关系破裂，被迫生存于两大阵营的夹缝内，独立封闭地进行发展。60 年代以后，伴随一批新兴的工业化国家和地区的迅速崛起，不少发达国家展开经济结构调整以提高国际竞争力。它们在大力推进高新技术研发的同时，将劳动密集型产业、常规技术密集型产业有梯度地向外转移，这为发展中国家提供了难得的发展机遇。中国周边的日本和亚洲"四小龙"①,通过利用国际资本、承接产业转移、发展出口加工业,在较短时间内实现了经济腾飞。

进入70年代,中国"文化大革命"结束,与美国正式建立外交关系。国际政治形势总体趋于缓和,全球经济一体化快速发展。面对国内和国际形势的巨大变化,以邓小平为核心的第二代党和国家领导集体,决定把党和国家的工作重心转移到经济建设上来,做出了实行改革开放的重大战略抉择,希望积极借鉴国外发展的成功经验,加速中国现代化建设,提高人民生活水平。1978年,中国共产党十一届三中全会拉开了改革开放的序幕。会上,邓小平做了《解放思想,实事求是,团结一致向前看》的主题报告,提出允许一部分地区先富起来再带动其他地区,从而国民经济波浪式地向前发展,全国人民都能比较快速地富裕起来。这次会议确立了"实践是检验真理的唯一标准",把对外开放列为中国经济发展战略的组成部分和基本国策。

但是,中国曾长期实行高度集中的计划经济,人民的思想观念难以在短时间内改变,经济体制难以适应开放的要求。因此,中国并未立即实行全方位的开放,而是通过建立经济特区,大胆探索体制改革,自主地根据实际情况逐步推动对外开放。1979年2月,国务院批准由香港招商局在广东蛇口的14平方公里土地上建立中国大

---

① 亚洲"四小龙"是指从20世纪60年代开始,中国香港、中国台湾、新加坡和韩国推行出口导向型战略,重点发展劳动密集型加工产业,在短时间内实现了经济腾飞,进入发达经济体行列。

陆第一个出口加工区。1979年4月，时任中共广东省委第一书记、省长习仲勋在中央工作会议上建议，希望中央下放若干权力，让广东在对外经济活动中有必要的自主权，允许在毗邻港澳的深圳市、珠海市和重要侨乡汕头市设立出口加工区。中央领导同志对此十分重视，邓小平首先表示赞成和支持。1980年，中国正式设立深圳、珠海、汕头和厦门四个经济特区。经济特区使原本贫困落后的乡镇和渔村通过发展工业快速积累财富，让人们体会到中国大地通过对外开放释放出的巨大能量。

1984年2月，邓小平实地视察后，对经济特区的建设和发展给予充分肯定。他指出："我们建立经济特区，实行开放政策，有个指导思想要明确，就是不是收，而是放。……特区是个窗口，是技术的窗口，管理的窗口，知识的窗口，也是对外政策的窗口。……除现在的特区之外，可以考虑再开放几个港口城市，如大连、青岛。这些地方不叫特区，但可以实行特区的某些政策。"[1]

古港重镇再获生机

港口是地区发展的一个重要有利条件。港口交通便利，可以吞吐大量物资，集散资本和人流，减少运输成本，缩短与市场的距离。古今中外依靠港口发展起来的地区屡见不鲜。中国在沿海港口城市充分发挥当地优势，推广特区的特殊政策，这不仅借鉴了历史和国

---

① 邓小平：《办好经济特区，增加对外开放城市》，《邓小平文选》第三卷，人民出版社，1993年，第51—52页。

际上的发展经验，而且科学地遵循了地区经济发展的客观规律。

宁波港自古以来就是中国最重要的港口之一[①]，其建设发展与地区兴衰紧密相连。中华人民共和国成立后，宁波一度成为大陆对台地区的海防前线，宁波港的航运功能受到管制。改革开放之初，国家在宁波北仑兴建10万吨级码头（见图1-1），大力发展全国综合性的远洋深水港，提供宁波和长三角的生产资料运输服务、浙赣集装箱运输服务、全国3000公里沿线服务，为上海宝钢和北京配套。1979年，宁波市正式对外开放，从海防前哨转变为开放前沿。1980年，中国共产党宁波市委员会第五次代表大会报告提出，逐步把宁波建成现代化港口城市、全省工业基地和外贸出口基地。

得益于宁波港的地利，以及商品经济和现代工业起步较早的历史，宁波民间对外交往较多，形成了宁波帮的人文优势。宁波帮泛指旧宁波附属的鄞县、镇海、慈溪、奉化、象山、定海六县在外地的商人、企业家及旅居外地的宁波人。经过近百年的经商创业，这些宁波人逐步形成了一个拥有强大经济实力和管理人才队伍的宁波帮，在上海和

---

① 宁波的海上交通最早可以追溯到7000年前的河姆渡文化时期。春秋末期越国灭吴国后，甬江支流姚江北岸建成句章港。自秦汉至六朝，句章港始终是通海的门户。在唐朝，宁波港称为明州港，港口移至甬江、余姚江和奉化江汇合处的三江口，与扬州港和广州港并列为中国对外开埠的三大港口。在宋代，明州港成为"海上丝绸之路"的起点，与内地以及朝鲜半岛、日本列岛、东南亚和波斯湾等地的贸易交流空前繁荣，是我国乃至世界上的重要港口之一。元朝，明州港名为庆元港，是以外贸为主的商、军和漕运的多功能港口，对外通航国家（地区）遍及欧、亚、非三大洲。明清时期的宁波港，由于多次海禁，港口发展缓慢，海上贸易屡次受阻。鸦片战争后，宁波被开辟为五口通商口岸之一，宁波港成为半封建半殖民地化的港口。民国期间，宁波港虽稍有复苏，但仍趋衰落。1949年后，宁波港的港航设施改善，客货航线恢复，但港区处于甬江上游，航道水深限制。1973年，伴随中美关系缓和，国务院提出要在三年内改变港口面貌。随后，确定扩建宁波老港区，在甬江出海口镇海辟建新港区，宁波港开始由内河港转向河口港。

香港尤有影响。① 宁波帮中有不少工商巨头、科教文化名人和社会领袖，在沟通内外信息、引进外资和技术等方面能够发挥积极作用。

图 1-1　1979 年 1 月 10 日，北仑港 10 万吨级矿石
中转码头主体工程动工，宁波深水大港建设开始

资料来源：北仑区委宣传部

抢抓时机顺势而上

宁波能够在众多沿海港口城市中脱颖而出，第一批兴办经济技术开发区，离不开浙江省委、省政府的大力支持，离不开宁波市各级领导干部和广大人民的主观能动性。宁波的主要领导干部具有极强的洞察力、执行力和责任感，他们组织动员全体干部积极申办开发区，

---

① 1984年香港十大首富中，有4人是宁波籍人士。据不完全统计，约有1/3的上海人与宁波人有亲缘关系。

与党中央、国务院的决策形成密切、良好的互动（见故事1-1）。

故事1-1

葛洪升与宁波的开发开放

葛洪升是 NETD 申办和早期建设时期的主要地方领导干部之一，曾任宁波市委书记、浙江省省长和国务院特区办公室主任等职务。他的领导能力、专业素质和务实担当，对开发区的发展起到了重要的推动作用。

1984年3月，时任宁波市委书记葛洪升与东海舰队司令谢正浩一起参加军民共建文明的扫街活动。其间，他得知邓小平春节视察深圳时，不仅为特区题词，还指示秦皇岛、宁波等沿海城市可以进一步对外开放。听到这个消息后，葛洪升把扫帚一放，马上召集市长们开会。他告诉大家这是宁波千载难逢的机遇，要争分夺秒，迅速研究，抢先迈开对外开放第一步。隔天，他就带领相关同志一大早出发，先后考察了北仑的邬隘、高塘、小港和大榭岛，决定把小港作为开发区的首选地。考察回来后，葛洪升和时任宁波市长耿典华立即决定从各部门抽调骨干人员成立临时小组。次日，临时小组的成员们准时到岗，并在此后的40多天里日夜奋战，为开发区的选址做了大量的准备工作。

3月26日至4月6日，沿海部分城市座谈会在北京召开，葛洪升作为宁波的代表参会。他认真领会中央意图，积极向参会领导和代表宣传宁波的优势，争取宁波的进一步开放。在会议最后，邓小平会见全体到会同志，与葛洪升握了手（见图1-2）。邓小平的关怀，让葛洪升感受到了温暖和力量。座谈会一结束，他就带领宁波的领导干部立即行动，开展全市进一步开放的战略部署，制定具体规划和方案，并着手经济技术开发区的选址工作。

图1-2　1984年4月6日，邓小平会见沿海部分城市座谈会全体同志，与葛洪升握手。左一为葛洪升，左三为邓小平

资料来源：央视文献纪录片《谷牧》

葛洪升在回忆录中写道："在难得的机遇和巨大的压力下，历史的使命感、责任感、紧迫感促使我们只能全身心地投入工作，我们深感自己身上担子的分量，我们是肩负着落实中央、小平同志和省委加快宁波开发开放的历史重任，始终处于高度紧张状态，丝毫不敢松懈，生怕由于我们的工作不力，发生失误，丧失当时难得的发展机遇，从

而辜负了中央、小平同志和省委的期望，辜负了宁波人民的期望。"

资料来源：宁波市政协文史委员会编：《葛洪升同志谈在宁波的工作》，2008年。

1984年5月，国务院批转《沿海部分城市座谈会纪要》，进一步开放宁波等十四个沿海港口城市。批复指出："沿海港口城市由于其地理位置、经济基础、经营管理和技术水平等条件较好，势必要先行一步。这些沿海城市在利用国外资金、技术和市场时，应当首先抓好老企业的技术改造，上一批投资少、周转快、收益好的中小型项目。这样做可以更多更快地积蓄力量，既在财力、物力、人才方面支援全国，又在内外交流过程中总结经验向内地推广。"

《沿海部分城市座谈会纪要》明确了兴办经济技术开发区的政策和措施：

这几个城市，有些可以划定一个有明确地域界限的区域，兴办新的经济技术开发区。

经济技术开发区要大力引进我国急需的先进技术，集中地举办中外合资、合作、外商独资企业和中外合作的科研机构，发展合作生产、合作研究设计，开发新技术，研制高档产品，增加出口收汇，向内地提供新型材料和关键零部件，传播新工艺、新技术和科学的管理经验。有的经济技术开发区，还要发展为国际转口贸易的基地。

经济技术开发区内，利用外资项目的审批权限，可以进一步放宽，大体上比照经济特区的规定执行。

经济技术开发区内，中外合资、合作办的及外商独资办的生产性企业，其企业所得税减按百分之十五的税率征收（中方税后利润仍按规定上缴）；对外商所得合法利润汇出时免征汇出税。区本身和区内企业自用的建筑材料、生产设备、原材料、零配件、元器件、交通工具、办公用品的进口和产品的出口、内销，也执行经济特区的优惠政策和管理办法（包括内销产品要补税）。经济技术开发区本身的进出口贸易，可以在国家统一政策指导下自主经营，也可以委托外贸公司代理，但应自负盈亏。

国家对经济技术开发区实行必要的监管措施，经济技术开发区要在规划和建设中提供必要的监管条件。

从批转的文件可以看出，当时中央政府进一步开放十四个沿海城市，是希望这些地方能更快地发展以支援全国，积累经验向内地推广，从而做到效率和公平的兼顾。经济技术开发区的功能定位是发展工业，重视引进先进技术和研制高档产品。"中外合作的科研机构"和"国际转口贸易基地"等内容，对经济技术开发区的未来走势产生重大影响，为日后高新技术开发区、保税区与经济技术开发区的融合发展奠定了基础。此外，中央在给予优惠政策和自主权的同时，还对经济技术开发区实行必要的监管，注重有效引导和有力管理相结合。

在充分学习和理解中央精神的基础上，中共宁波市委、市政府在 1984 年 6 月就上报浙江省委、省政府《宁波市进一步对外开放规划方案请示报告》，浙江省政府向国务院转报。报告指出宁波进一步对外开放的总指导思想是：开放与改革双管齐下，外引与内联同步进行，加速把宁波建设成为综合性的现代化港口城市。依托老市区，充分发挥深水良港的优势，以港口促工业，以港口促内外贸易，以港口带动整个经济的发展。把宁波真正办成"技术的窗口、管理的窗口、知识的窗口、对外政策的窗口"。请示报告及时回应中央的政策，准确把握中央对开发区"四个窗口"定位的要求。

8 月，邓小平发出"把全世界的宁波帮都动员起来建设宁波"的号召（见图 1-3），并派当时已经 73 岁高龄的宁波籍高级干部卢绪章帮助宁波搞好对外开放工作。邓小平还亲自做宁波帮重要人物的工作，将包玉刚树立为海外华人和宁波帮的典型。在邓小平的号召下，宁波上下积极响应，干部群众纷纷行动，利用各种途径和方式动员宁波帮，为家乡建设献计献策、出资出力。

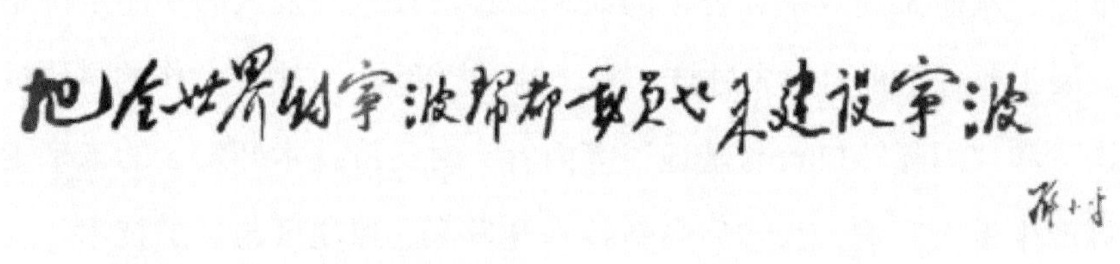

图 1-3　邓小平"把全世界的宁波帮都动员起来建设宁波"题词

资料来源：NETD 管委办

浙江省和宁波市地方干部和群众之所以能有如此强大的主观能动性，是因为多方面的因素。第一，特区的成功让人们看到了对外开放的巨大魅力，包括宁波在内的很多城市都迫不及待地想要学习特区，通过开放得到快速发展。但是，当时中央给予的对外开放城市和开发区的名额有限，城市间竞争非常激烈，宁波必须要抢时间、抓机遇、博出彩才能脱颖而出。第二，中央领导对宁波的开发开放十分重视，这对地方来说既是机遇也是鞭策。在中央领导的关怀下，宁波的港口优势被充分了解，在争取政策过程中比其他地方更易得到支持，被选为开放城市和开发区的成功概率很大。国家最高领导的关怀为浙江省和宁波市的领导干部和群众提供了极大的精神激励。中央的重视和督战，也使他们不能有丝毫懈怠，不敢辜负中央的期望。第三，宁波人具有实业经商和对外交往的传统，具有较强的务实理念、开拓精神和机遇意识，思想开放、民风开化，对新鲜事物反应敏捷，善于学习和吸收外来经验。宁波帮具有较强的乡土情怀和建设家乡的意愿，在邓小平的号召和包玉刚等典型人物的带动下，他们爱国爱乡的热情被极大地激发出来。

开发先锋花落宁波

中央政府兴办经济技术开发区的决策，极大地调动了地方积极性。浙江省和宁波市各级领导干部和民众积极响应，抓住机遇、积极有为，充分利用天时、地利、人和的有利条件，最终成功申办开发区。1984 年 10 月，国务院批复《关于宁波市进一步对外开放规划的请求报告》,指出:要把宁波市建设成为华东地区重要的工业城市和对外贸易口岸。为开发新技术、新产品,发展新兴产业,同意宁波市兴办经济技术开发区,位置定在老市区以东小港地区。地域界限:西起金鸡山,东至牯牛岭、门城山脊,南自乌岩山,北临甬江口及金塘水道南岸,开发面积共 3.9 平方公里(见图 1-4、故事1-2)。NETD 被批准设立后,宁波市开发区管理委员会筹备领导小组及办公室随即成立,开始了对开发区发展道路的探索。

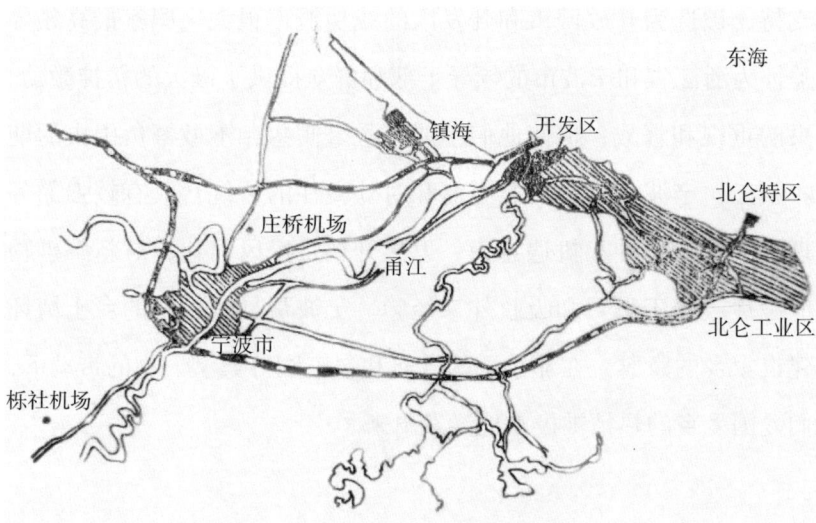

图 1-4 早期的 NETD 示意图

资料来源:郑宁主编:《经济技术开发区研究》,中国财政经济出版社,1991 年,第 388 页。

故事 1-2

NETD 的选址问题

选址对于开发区的建设和发展具有重要影响。NETD
最初的选址有三个条件：一是必须地处沿海；二是交通便
利；三是有明显的地理界限，便于隔离封闭。当时有人认
为，"办开发区就像搞一块试验田，要烂也只是烂一块小地
方"。1984 年 4 月 27 日，谷牧亲自到小港实地调研，视察
开发区的预选址（见图 1-5）。小港位于宁波老市区的东北
面、甬江入海口东南侧，距离市中心 20 公里、北仑港 10
公里，东、西、南三面环山，北临东海的金塘水道，地理
界限明显，便于封闭隔离，符合中央的条件。

图 1-5　谷牧为 NETD 选址。图中蹲坐者左为谷牧，右为耿典华

资料来源：NETD 管委办

改革开放之初，不少领导干部和群众的思想还没有完全解放，对开发区的认识还存在意识形态的争论，对开发区的管理也缺乏经验。最初将开发区的位置选在远离市区的山坳里，符合当时人们的探索和试验心理，在特定的历史条件下无可厚非。但是，这样的选址致使开发区难以利用市区的原有基础设施，需要在空地上投入大量资金，投资环境改善需要较长时间。外资企业和内资企业的隔离，也不利于内外企业在知识、人员、信息和技术等各方面的交流，开发区的窗口作用难以充分发挥。因此，当思想解放之后，开发区扩大到地理位置和基础条件更好的区域，成为在情理之中的事。开发区选址需要做好科学论证研究，应该充分利用当地的既有和潜在资源，妥善处理好开发区、腹地、母城的关系。

资料来源：张汉楚主编：《十年辉煌路：宁波经济技术开发区十年创业史》，当代中国出版社，1994年。

二 筑巢引凤（1984—1992）

获准成立经济技术开发区只是一个起点，如何把开发区真正从理想变成现实，挑战才刚刚开始。虽然经济特区的实践为开发区建设提供了一定参考，但是各地实际情况不尽相同，兴办开发区没有现成的经验可以复制。在这一阶段，开发区建设者们的思想十分活跃，八仙过海、各显神通，各地开发区的发展策略也是百花齐放、百家争鸣。在中央政策的指引下，NETD 的建设者们不断解放思想、学习创新、大胆试验、摸索前进，逐步解决发展过程中遇到的法律政策、资金筹措、基础设施建设、体制机制、组织管理、利益分配、项目引进等多种问题。

政策红利塑造优势

改革开放初期，国内资金不足，国家主要利用政策为开发区塑造优势（见专栏 2-1）。首先，建立和完善外商投资的相关法律法规。在 NETD 建设起步时，中国关于外商投资的法律体系不够完善，不少领域存在空白。为了营造良好的投资环境，国家相继制定颁布了《中华人民共和国中外合资经营企业法》《中华人民共和国外资企业法》和《中华人民共和国中外合作经营企业法》，构建利用外商直接投资的基本法律体系。各级地方机关根据国家法律和自身职权制定相应的法规和条例，其中《开发区条例》是兴办开发区最重要的法律依据之一。NETD管委会根据权限再制定具体的行政管理规定。这些法律法规使外商到开发区投资有法可依，减少投资的信息成本和不确定性。在司法过程中，中国坚持中外当事人享有平等诉讼权利，实行中外当事人举证与人民法院主动调查取证相结合的制度，以调解为主、严格执法，切实保护中外当事人的合法权益。

其次，政策倾斜支持重点区域开发建设。1985年，国务院同意浙江省调整行政规划和管理体制，撤销镇海县，设立宁波市镇海区，扩大宁波市滨海区①，以适应宁波大规模开发建设的需要。1986年，国家把宁波列为全国第七个五年计划（1986—1990）重点建设的地区之一，建设24个交通、能源、原材料大中型项目，总投资达64亿元。北仑港被确定为中国四大国际中转枢纽港之一，加快开发建设。1987年，在党中央、国务院和浙江省委、省政府的支持下，宁波成为计划单列市，被赋予相当于省一级的经济管理权限，可以与中央直接沟通对话，与中央的财政分

---

① 滨海区始建于1984年1月，辖原镇海县城关、俞范、新碶3个镇，清水、青峙2个乡，总面积143平方公里，人口约10万，区政府设在镇海城关镇。1985年7月，镇海撤县划区，以甬江为界，以北为镇海区，以南为滨海区。区划调整后的滨海区辖：新碶、小港、大碶、柴桥、郭巨5个镇，高塘、邬隘、塔峙、江南、枫林、下邵、大榭、霞浦、紫石、昆亭、三山、峙头、白峰、上阳、梅山15个乡，总面积823平方公里，总人口约30万，区政府设在新碶镇。1987年7月，滨海区更名为北仑区。

成比例提高，从中央可分配的物资不受省计划限制，市属外贸企业拥有自主进出口权，开展经济体制综合改革试点。1988年，国务院批准宁波成为"较大的市"，拥有地方性法规和地方政府规章的制定权。《宁波市城市总体规划（1986—2000）》首次将北仑纳入宁波城市总体规划范围，明确北仑是宁波市港口工业发展基地和宁波市对外经济发展中心，是全市开发和建设的重点区。当时，国家在资金和物资有限的情况下，集中力量开发重点区域，抓住发展关键并发挥其带动作用，这是比较务实且有效的做法。

再次，利用特殊优惠政策，引导资金、技术、人才等资源流向开发区。这些政策主要包括：①给予开发区必要的经济管理自主权，释放经济活力，提高行政效率，适应企业投资经营需要；②给予开发区改革的先试先行权，允许其按照市场经济和国际惯例，在土地批租、人才招聘、行政体制等方面率先改革，获取体制改革先行效益；③给予开发区财政全留政策，以及少量开发性优惠利率贴息贷款；④给予外商投资企业一系列优惠待遇，降低企业成本，减轻投资风险，以增强开发区招商引资的吸引力。中央政策不仅使开发区成为资源聚集的洼地，而且给地方政府提供了很大的自由度和试错空间。这既调动了地方的积极性，也为全国改革探索道路、积累经验。

专栏2-1

对外商投资的法律保护和优惠政策

对外投资往往面临国家政治经济制度差异、投资地政局和政策变动、外汇管制，以及投资和财产保护等各方面问题。在兴办开发区之初，为了吸收外国资金、消除外商顾虑，中国从多个层面为外商投资提供法律保护和优惠政策。

从法律保护角度看，在国际层面，中国积极参加各项国际条约，与多国签订协议，并切实履行协议的权责。如中国 1980 年恢复了在国际货币基金组织和世界银行的成员国席位，1984 年参加了保护工业产权的《巴黎公约》，1986 年加入了联合国《承认及执行外国仲裁裁决公约》，批准了《联合国国际货物销售合同公约》。1987 年年底，中国已经分别与瑞典、罗马尼亚、联邦德国、法国、比利时—卢森堡经济联盟、芬兰、挪威、奥地利、泰国、意大利、丹麦、荷兰、科威特、斯里兰卡、英国、新加坡、马来西亚等国家和组织签订了双边保护投资协定，同美国和加拿大订立了投资保险协议，同日本、美国、法国、英国、联邦德国、比利时、马来西亚、挪威、丹麦、瑞典、芬兰、加拿大、新加坡、新西兰、泰国、意大利、荷兰等国家签订了避免双重征税和防止偷税漏税协定。

在国内层面，《中华人民共和国宪法》规定："中华人民共和国允许外国的企业和其他经济组织或者个人依照中华人民共和国法律的规定在中国投资，同中国的企业或者其他经济组织进行各种形式的经济合作。在中国境内的外国企业和其他外国经济组织以及中外合资经营的企业，都必须遵守中华人民共和国的法律。它们的合法的权利和利益受中华人民共和国法律的保护。"《外资企业法》规定：

"国家对外资企业不实行国有化和征收；在特殊情况下，根据社会公共利益的需要，对外资企业可以按照法律程序实行征收，并给予相应补偿。……外资企业按照经批准的章程进行经营管理活动，不受干涉。……外国投资者从外资企业获得的合法利润、其他合法收入和清算后的资金，可以汇往国外。"《中外合资经营企业法》规定："中国政府依法保护外国合营者按照经中国政府批准的协议、合同、章程在合营企业的投资、应分得的利润和其它合法权益。"

从优惠政策角度看，在全国层面，《国务院关于鼓励外商投资的规定》指出："产品出口企业和先进技术企业在生产和流通过程中需要借贷的短期周转资金，以及其他必需的信贷资金，经中国银行审核后，优先贷放。……产品出口企业按照国家规定减免企业所得税期满后，凡当年企业出口产品产值达到当年企业产品产值70%以上的，可以按现行税率减半缴纳企业所得税。经济特区和经济技术开发区的以及其他已经按15%的税率缴纳企业所得税的产品出口企业，符合前款条件的，减按10%的税率缴纳企业所得税。……外国投资者将其从企业分得的利润，在中国境内再投资举办、扩建产品出口企业或者先进技术企业，经营期不少于五年的，经申请税务机关核准，全部退还其再投资部分已缴纳的企业所得税税款。……对外商投资企业的出口产品，除原油、成品油和国家另有规定的产品外，免征工商统一税。……外商投资企业之间，在外汇管理部门监管下，可以相互调剂外汇余缺。中国银行以及经中国人民银行指定的其他银行，可以对外商投资企业开办现汇抵押业务，贷放人民币资金。"

在地区层面，各级地方也依据国家规定和自身权限给予外商多种优惠政策。不少地方的优惠政策比全国层面的优惠程度更高，吸引外资的力度更大。例如《宁波经济技术开发区条例》规定："开发区内的外商投资的生产型企业减按百分之十五的税率缴纳企业所得税。开发区内外商投资的生产型企业经营期在十年以上的，经开发区管委会批准，可以自获利年度起二年内免缴企业所得税，第三年至第五年减按百分之七点五的税率缴纳企业所得税。……开发区内的外商投资企业可以自获利年度起五年内免缴地方所得税；其中产品出口企业和先进技术企业可以自获利年度起八年内免缴地方所得税；免税期满后需要继续减免的，由开发区管委会决定。……开发区内的外商投资企业缴纳所得税后，外商将其从企业分得的利润再投资于本企业或开发区内其他企业，经营期在五年以上的，经开发区管委会批准，可退还再投资部分已纳所得税税款的百分之四十；再投资于开发区内产品出口企业或先进技术企业的，可全部退还其再投资部分已纳的所得税税款；……外商在中国境内没有设立机构而从开发区获得股息、利息、租金、特许权使用费和其他所得的，除依法免缴所得税的以外，可以减按百分之十的税率缴纳所得税；其中以优惠条件提供资金、设备或转让先进技术的，经开发区管委会批准，可以享受更多的减免所得税优惠。……开发区内的外商投资企业进口自用的建筑材料、生产设备、原材料、零配件、元器件、交通工具、办公用品，免缴关税和工商统一税。"

资料来源：江合宁：《涉外经济立法是利用外资的重要保障——兼论对外商投资的法律保护及优惠》，《兰州商学院学报》1987年第3期；沈四宝：《论对外商投资企业的法律保护》，《对外经济贸易大学学报》1988年第3期；宁波经济技术开发区管理委员会编：《宁波经济技术开发区管理规定汇编》，2001年。

制定规划实施建设

建设开发区首先要做总体规划。NETD 的总体规划于 1984 年年底由中国市政工程西北设计院完成（见图 2–1）。规划明确了开发区是在宁波市政府管辖下，实行经济特区的某些政策，集中兴办中外合资、中外合作、外商独资企业和中外合作的科研机构，开发新技术、新产品，具有相对独立性。引进项目以先进性、多门类、中小型为主，力争以较少的投资取得较大的经济效益。在开发区的 3.9 平方公里范围内，除山地和河流外，可供利用的土地约 2.96 平方公里，其中小浃江以东 1.66 平方公里（东区），以西 1.3 平方公里（西区）。针对开发区的地理特点，规划对功能分区做了详尽的设计，包括工业科研用地、码头区、居住区、绿化用地、污水处理厂、仓库用地、公建用地和别墅区等。当时 NETD 的开发建设资金主要来源于国家开发贷款，只有约 1.4 亿元。为了集中财力物力，NETD 决定先着手搞好西区 1.3 平方公里，先形成较为完善的投资环境，条件成熟后再开发东区。西区优先安排的项目有电子、仪器仪表、机械、通讯、轻纺和化工等。

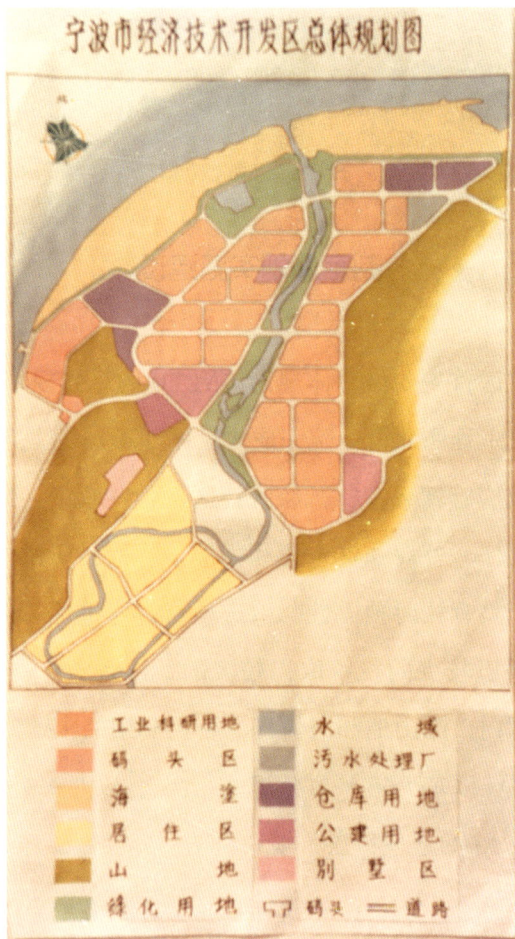

图 2-1　1984 年 NETD 的总体规划图

资料来源：NETD 管委办

开发区在统一规划的基础上，先集中开发部分土地，待条件成熟后再开发其他区域，这是量力而行、稳中求进的做法。尽管开发区土地面积较小，但是总体设计考虑到了生产、生活和生态等多个方面，符合区域科学合理发展的要求。此外，按照《宁波经济技术开发区条例》，NETD 不办污染环境又缺乏有效治理措施的企业，在资金预算十分有限的情况下，仍投资建造污水处理厂。这说明 NETD 在开发早期就有较好的环境保护意识，具有长远的发展眼光。

总体规划设计完成后，基础设施建设立即实施（见图 2-2）。1985 年 3 月，横水山爆破，拉开了 NETD 开发建设的序幕。千人大军在开发区安营扎寨，进行规模空前的"七通一平"（通水、通电、通路、排水、排污、通讯、供热和场地平整）施工大会战和地面配套服务设施建设。为了降低开发成本、减轻还贷负担，开发区建设者们按照"由小到大、量力而行、循序渐进、讲究效益"的方针，把有限的资金用在必不可少的基础建设和配套设施上，并按照需求缓急分期实施。在完成西区"七通一平"建设时，NETD 平均开发 1 平方公里的耗费约为 7000 万人民币，大大低于全国开发 1 平方公里耗费 1 亿元的平均水平。虽然开发区精打细算以降低开发成本，但是对于环保设施建设毫不含糊。1990 年，建成全国第一项城市污水深海排放工程——NETD 污水处理厂，日处理污水能力达到 4 万立方米。该项目 1992 年获得了国家"七五"科技攻关环保项目重大成果奖。NETD 基础设施建设资金使用少、效益高，得到了国家有关部门的表扬。

横水山爆破

"七通一平"

厂房建设

图 2-2　NETD 的基础设施建设情况

资料来源：NETD 管委办

团结一致艰苦奋斗

　　NETD 的建设离不开一支能够团结一致、艰苦奋斗的干部队伍。1985 年，开发区管理机构——中共宁波经济技术开发区管委会[①]和宁波经济技术开发区管委会成立，组织建设和人才引进工作快速推

[①] 1987 年，中共宁波经济技术开发区管委会撤销，成立了中共宁波开发区工作委员会。

进。除了从全省和全市范围内抽调骨干外，国家每年都给 NETD 分配一批优秀的大学毕业生 ①，为其不断输送高素质青年骨干。这些大学生满怀热情、富有理想、思维活跃，所学专业丰富多样，是当时非常稀缺的人才资源。他们来自五湖四海，整天吃住都在一起，相互学习、相互帮助、团结合作，共同解决工作中的问题。此外，全国不同开发区的工作者们相互之间比较团结，经常交流沟通。国家也鼓励和支持不同地区之间的互学互赛。邓小平同志就曾提出，"宁波和大连可以比一比"。NETD 管委会曾组织人员分批赴各地开发区和特区开展实地调研，还积极承办全国沿海开放地区外向型经济研究会，与相关工作者交流研讨、分享经验。

在 NETD 的建设过程中，领导干部和群众在平房里办洋务，工作日夜兼程、热火朝天。他们往往晴天一身灰和汗，雨天一身泥和水。家住宁波市区的干部，每天上班早出晚归，交通几经周折，往返需要三四个小时。有人风趣地把电影片名串起来描写他们每天的上下班经历：早晨坐着《大篷车》开始《东进序曲》，过甬江是《渡江侦察记》，晚上到家已经是《万家灯火》。在此过程中，很多党员以身作则、任劳任怨，主动发挥先锋模范作用，带领大家一起工作（见故事 2-1）。NETD 领导干部团结一致、艰苦奋斗的精神和实践，得到了各级领导的亲切关怀。如 1986 年，时任团中央书记李源潮在浙江省团委书记茅临生、宁波市团委书记沈跃跃的陪同下，视察 NETD 并慰问干部（见图 2-3）。

---

① 毕业分配是指在计划经济体制下，大学或中专毕业生就业按国家下拨的计划指标进行统一安排，开始于1951年，20世纪90年代中后期基本取消。

故事 2-1

开发区建设的先锋人物

开发区早期艰苦的工作环境，对广大领导干部和群众的身心都是巨大考验。NETD 的不少党员领导干部，身先士卒、率先垂范，为广大干部和职工树立了良好的榜样。

张永祥是开发区的第一任党委书记，他在任职时已经年过六旬。为了便于现场指挥、及时解决问题，他带着铺盖行李长期居住在开发区。最初，他与汽车驾驶员等 4 位小青年合住在当地民房的一间宿舍中。民房拆掉后，他和同志们一起住在一个工棚里，后来又搬到开发区管委会临时办公地居住。开发区的食堂就是一个大棚，他和上百号普通职工都在一个锅里吃，每人一菜一汤。领导干部以开发区为家，在广大职工和群众中传为佳话。

金一平是自发支援开发区建设的第一名应届大学生党员。1985 年，他从广州外国语大学日语系毕业，毅然放弃国家分配到外交部担任翻译的宝贵机会，孤身一人日夜兼程 15 天，从广州骑自行车到宁波支援开发区建设。当时，不少媒体争相报道他的事迹，并把他树立为一面旗帜，号召更多的有志青年投身开发区建设。

资料来源：中共宁波市北仑区委党史办公室编：《在鲜红的党旗下——宁波北仑区域老领导、老同志口述资料选编》，2017 年；作者访谈

图 2-3　1986 年 7 月 14 日，李源潮到 NETD 考察并慰问干部。前排
左五为沈跃跃，左六为张永祥，左七为李源潮，左八为茅临生

资料来源：NETD 管委办

　　多方面的因素助推了广大领导干部和群众高涨的工作热情。第一，开发区在当时是改革开放的前沿阵地，开发区建设受到国家领导人的高度重视，投身开发区事业是"弄潮儿"的光荣行为。开发区突破了旧体制的多种束缚，领导干部可以放开手脚，有志青年可以大显身手，干出一番新事业，具有较高的个人成就感。第二，国家除了提供精神鼓励外，还给予开发区干部较大的物质激励。开发区的领导干部享有额外补贴，个人收入远高于普通公务员。依据相关同志回忆，当时宁波市大学毕业生的月工资是 54 元，而 NETD 额外补贴每月高达 30 元，为干部提供了较好的物质保障。第三，开发区汇集了一批思想觉悟高、工作能力强、开发热情足的党员干部和高素质人才，他们奉献开发区，与人民群众同甘共苦，使 NETD 形成了强大的凝聚力。

体制改革探索试验

为推进开发区的顺利建设，NETD 积极开展了一系列体制机制的改革探索，是全国市场经济体制改革的重要试验田，具有推动市场经济发展的先发优势。这些试验冲破计划体制的樊篱，为开发区发展释放了巨大活力，为全国改革积累了宝贵经验，起到了先试先行的示范作用。以下就开发区管理体制、人员管理体制和经营承包责任制改革为例进行说明。

首先，开发区管理体制的特点是"小政府、大社会"，它突破了传统行政体制的束缚。管委会是宁波市政府的派出机关，主要行使政府授权的经济管理职能。宁波市委派出开发区工作委员会，不设人民代表大会和政治协商会议。开发区可以组织税收和编制实施财政预算，制定特殊的区域管理性文件，实行依法治区。管委会内部机构设置高度精简，相关职能部门合署办公。例如经济发展局就是开发区新型机关特色的集中体现。有关资料显示[1]，NETD 的经济发展局一度只有 5 个科室 25 人，即局内领导 3 人、投资管理科 6 人、综合管理科 5 人、计划统计科 5 人、企业管理科 4 人、物价检查所 2 人。这 5 个科室的工作职责相当于地方政府的计委、经委、外经贸委、科委、财办、外贸局、物价局、统计局、标准计量局、外事办、协作办、工业局等十几个部门。在这种高度授权、特事特办、

---

[1] 中共宁波市委经济技术开发区工作委员会办公室编：《希望之路——宁波经济技术开发区报告文学集》，宁波出版社，1998年。

专心发展经济的管理体制下，管委会拥有独立的经济管理权和较大的行政管理权，可以降低交易成本、协调一线矛盾、便捷获得政府高层信息，从而高度整合行政资源，有效避免扯皮现象，提高行政效能。

其次，NETD 开展人员管理体制改革。开发区在全市率先实行职位分类分级管理，采用任期委任、选举任命、合同聘用、考核录用等办法，制定辞职、辞退、考核、奖惩、培训、仲裁申诉等一系列具体规定。这些办法和规定使得任用制度多元化、考核手段科学化，极大激发了相关人员的积极性。开发区以直属工业公司为试点，向全社会公开招选公司总经理、部门经理与公司所属工业企业负责人、业务人员等"三级四类"管理人才，实行承包聘任合同制。这种人员招聘方式打破了人员录用的身份和职务限制，实现人才选拔的机会均等，在全社会立即引起强烈反响。当时，《宁波日报》刊登了工业公司的人才招聘公告，应聘者立即响应、快速云集。虽然招聘名额只有 40 个，报名者却达到 643 人，年龄最大的为 60 岁。在选拔过程中，开发区坚持公开、民主和竞争的原则，通过严格的笔试和面试筛选和录用最优秀人员。开发区公开招聘接纳人才的方式，改变了计划体制下人员统包分配的做法，激发了人才的主动性和创造性。

再次，NETD 采用经营承包责任制改革直属企业。开发区以商业物资公司为试点，按照独立核算、自主经营、自负盈亏的要求，推行"四定一包"（定人员、资金、经营范围、部门经理责权，包利润）、两级核算、责权利挂钩的经营承包责任制。使用资金由财政拨款变为全额贷款，折旧基金留给企业使用，以税还贷，所得税和生产发展基金用于固定资金还贷，税后留利的 50% 作为福利基金和奖励基金。干部聘用实行任期目标制，应聘者需要落实承包指标，通过自荐互荐、群众评议、组织考核，才能得以聘任。人员奖金分配打破了平均主义，与经济效益、社会效益直接挂钩。改革实施一年后，商业物资公司的利润比承包前增长了 5 倍多，缴纳税金增长了接近 3 倍。经营承包责任制改革不但减轻了管委会的负担，而且增加了直属企业的紧迫感和责任感，调动了企业职工的积极性，经济效益比计划体制时期显著提高，为企业的市场化改革探索了道路。

联合开发互利共赢

开发区建设需要大量的资金投入，仅靠国家贷款难以完成。1987 年，NETD 已将国家核贷的 1 亿多元（人民币）资金全部投入建设，后续开发亟待寻找新的资金来源。开发区不等不靠，充分解放思想，积极寻求合作。

中国五金矿产进出口总公司和中国机械进出口总公司是两家大型的国有进出口贸易公司，与宁波有紧密的贸易往来。1988 年，NETD 管委会与这两家公司在自愿、平等、互利的基础上，合资成立宁波开发区联合发展有限总公司，以"共享利益、共担风险、长期合作、共同发展"为原则，对 NETD 进行联合开发，合资经营期限为 50 年。两家总公司以 1.4 亿元入股，管委会、五矿总公司和机械总公司的出资比例分别为 50%、36% 和 14%。政府联合企业共同开发，创造了合作建设开发区的新模式，是 NETD 体制创新的又一体现（见故事 2-2）。

三方联合股权开发的过程中，开发区按照"小政府、大企业"的模式管理，实行政企分开原则。管委会作为市政府在开发区的派出机构，贯彻执行国家的法规政策，行使工商行政管理、征税、审批项目和文教卫生管理等政府职能。管委会的直属子公司划归联合总公司统一管理，按照企业模式开展具体工作。联合总公司是自负盈亏、独立核算、自主经营、自担风险的企业法人，负责开发区的规划、建设、经营、管理等各项工作，实行董事会领导下的总经理负责制，有完全、充分的自主权。合营各方按出资额在注册资本中的比例分享收益，分担风险和亏损。

这一新模式对 NETD 建设起到了多方面的积极作用。首先，它使得开发区及时获得外部的资金支持，有效缓解了建设资金不足，开发区建设得以顺利推进。其次，它拓宽了开发区与外界合作的渠道，创造了开发建设的新模式，提升了其在国内外的影响力和知名度。再次，它扩大了开发区在项目引进、市场营销、经贸信息方面的渠道。两大进出口总公司在海外有众多子公司和办事机构，同世界上 150 多个国家和地区建有贸易关系，范围广、交往多、信息灵，为开发区引进项目和进入国际市场提供了非常有利的条件。股权开发的模式使得管委会与企业形成了利益共同体，风险共担、利益共享。同时，管委会在股权结构中保持大股东地位，保障开发过程中的经济效益与社会效益的动态平衡。在多方共同合作和不懈努力下，开发区取得了良好的经济效益和社会效益，五矿总公司和机械总公司也获得了丰厚的利润，真正实现了互利共赢。

故事 2-2

三方联合股权开发的前前后后

1987 年，时任宁波市副市长陈哲良分管开发区工作。面对开发区资金不足的困境，他不好意思再向国家继续伸手要钱。一日，他在接待前来宁波办事的五矿总公司总经理王验和中国机械总公司副总经理李广元时，大胆提议两家企业到开发区投资，作为开发区的股东。王验总经理曾经是驻瑞典大使馆商务参赞，对西方股份制合作的模式比较熟悉。他思想非常开明，对投资十分感兴趣，同意与宁波市政府合作，并动员机械总公司一起加入。当时，股份制只存在于企业之间的合作，企业与政府开展股份制合作尚无先例，宁波的做法是创新之举。

1988 年，宁波联合发展有限公司成立，与管委会实行"两块牌子，一套班子"的运行模式。4 年后，宁波联合发展有限总公司与管委会分离，全面负责开发区内 6.61 平方公里（1992 年后称为"联合开发区域"）的规划、开发、建设、招商和管理。1996 年，宁波联合发展有限总公司正式改制更名为宁波联合集团股份有限公司。1997 年，公司在上海证券交易所挂牌上市，向社会公开发行 3000 万股人民币普通股。2010 年，五矿总公司和中国机械总公司完全退出股份，浙江荣盛控股集团有限公司成功受让宁波联合集团 29.9% 的股份，成为公司新的控股股东。

三方联合股权开发模式的形成和发展，折射了中国从

计划经济体制向市场经济体制转变的探索和改革过程。股
权开发的模式能够为中国企业走出去，与外国政府和利益
相关方共同建设园区提供有益借鉴。

资料来源：张汉楚主编：《十年辉煌路：宁波经济技术开发区十年创业史》，当代
中国出版社，1994年；作者访谈

协调各方共建共享

开发区的建设工作千头万绪，需要多方的共同参与，涉及多方
利益的协调。国家领导高度重视 NETD 的建设，通过搭建高层次
平台，组织协调中央和地方、国内与国外的多方面力量，共同商议
和解决问题。1985 年，在邓小平的指示下，时任中共中央政治局
委员、国务院代总理的万里到宁波召开现场办公会，国务院秘书
长、国家计委、教委、冶金部、交通部、建设部、经贸部、中国船
舶总公司、浙江省和宁波市的主要领导，以及华人侨领包玉刚参加
会议，讨论和协调宁波开发开放中的重大问题（见图 2-4）。此次
会议后，国务院宁波经济开发协调小组成立，作为专门性和机制性
的协调机构。[①] 协调小组运行了 3 年，在谷牧的主持下共召开 6 次
会议，促成了宁波对外开放的一系列具体政策，使得 NETD 的建
设顺利推进（见图 2-5）。

---

① 1988年10月，协调小组撤销后，为继续推动宁波经济开发建设，把国内外
宁波帮建设宁波的热情保持下去，成立了宁波经济建设促进协会，由卢绪章
担任首届会长，谷牧、包玉刚、陈祖伦和陈先成为名誉会长，该协会工作延
续至今。

图 2-4　1985 年 10 月 29 日，万里主持召开"关于加快宁波经济开发问题会议"的现场办公会。左四为万里，右三为包玉刚，右四为卢绪章

资料来源：NETD 管委办

图 2-5　1987 年 6 月 22 日至 24 日，谷牧主持召开国务院宁波经济开发协调小组第五次会议。谷牧就座于主席台

资料来源：NETD 管委办

　　在开发区建设过程中，农民的利益不容忽视。协调和保护失地农民利益，是地方政府和开发区的重要职责。NETD 对失地农民的

利益协调工作高度重视。首先，开发区发动经验丰富的基层老干部，与群众建立起紧密的联系，听取失地农民意见，并发放补贴资金。其次，开发区积极吸纳失地农民参与建设，为其提供驾驶、园丁、门卫和保洁等多个岗位和培训。再次，开发区联合北仑区政府，共同协调搬迁和安置工作。对60周岁以上的失地农民每月发放养老金，为有劳动能力的中青年安排就业，为搬迁农民建设新房。此外，还成立专门工作组，到拆迁农民家多次走访，做细致的思想工作，取得农民的支持和配合。通过以上多种方式，NETD 为失地农民的利益提供了合理保护和补偿，真正做到了与当地群众的共建共享。

多管齐下引进项目

为了尽快产生开发效益，NETD 按照"边开发、边建设、边收益"的方针，开始引进项目。然而，由于中国曾经长期封闭，外部世界当时对中国的了解非常有限。由于意识形态和社会制度的差异，西方国家对中国的开放政策心存疑虑。外商到中国投资还处于观察期和试探期。为此，NETD 多管齐下引进项目。

首先，做到内引与外联相结合。在内引方面，开发区不但扶持当地乡镇企业发展，而且积极与中央有关部委、军工企业、科研院所发展横向经济联合，拓展项目渠道。在外联方面，开发区广泛动员宁波帮，通过甬港联谊会推介开发区，大力吸引宁波帮来 NETD

投资。① 同时，宁波市政府在香港设立海外国有全资公司——宁兴开发有限公司，NETD 管委会以宁兴公司的名义向香港中国银行借贷，专门转借给乡镇企业，支持其开展对外合作。20 世纪 80 年代末，开发区走出了一条内引打基础、外联上水平的"中—中—外"发展外资企业的路子，即首先建立内引企业，在办好内引企业的基础上，吸引外商前来合资，使企业转换为中外合资企业，提高企业的技术管理水平。② 通过内引外联，开发区内企业的数量、质量、技术与管理水平不断提升。

其次，兼顾技术和效益的平衡。NETD 对引进先进技术和出口创汇十分重视，引进了钕铁硼和酶制剂等在当时具有一定技术水平的出口项目。但是，开发区工业基础薄弱是一个客观事实，不随主观意志改变，在短时间内难以大量引进技术先进的出口大项目。考虑到开发区的建设不但要还本付息，而且要筹措更多资金以改善投资环境，NETD 实事求是、解放思想，适当地降低了项目的技术和规模标准，务实地引进和建设了一些经济效益好、税利收入高的筹集资金型项目。如 1987 年，开发区大力引进了竹餐具公司、宁波录像带制造公司、工艺蔺草制品公司、宁波光电元件厂、霞南制衣厂、新港地毯厂、中科院三环宁波实验一厂、甬宁电子器件有限公司等一批短平快的项目。这些项目虽然技术含量不高，出口创汇数

---

① 1986年，开发区首批引进和投试产的4个项目（新宇玛瑙有限公司、中科院三环宁波磁厂、宁波空调器厂和宁波定时器四分厂），都与宁波帮有着密切关系。

② 如内联企业中科院三环宁波磁厂的产品质量好、技术先进，拥有广阔的国际市场，吸引外商主动前来寻求合作，后发展成为中美合资的科宁达工业有限公司。

量不大，但它们能够帮助开发区在短期内积累资金，尽快实现滚动发展（见故事 2-3）。1991 年，开发区内只有 2 家先进技术企业。如表 2-1 所示，在开发区的主要工业品中，除了科宁牌 NTP2230/72 型钕铁硼稀土永磁材料[①] 外，其他大部分产品都不是高科技产品。

表 2-1　1991 年 NETD 的主要工业品及产量

产品名称	单　位	产　量
钕铁硼	吨	37.58
功率放大器	台	540
空调器	台	20054
阀门	万只	438
轴承	万套	2350
二极管	万只	6768
针织品	万件	36
发电量	万千瓦时	2026
自动液料供给器	台	82
录像带	万盒	200
塑料制品	吨	2606
塑料雨衣	万件	101
紧固件	万件	16835
地毯	万平方米	27
程控交换机	台	239

资料来源：宁波经济开发区经济发展局主编：《1991 年宁波市开发区经济发展的统计公报》，1992 年，第 28 页。

---

① 该产品曾荣获 1988 年度国家科技进步一等奖和 1989、1990 年度国家产品质量金奖。

故事 2-3

招商引资的蚂蚁理论

　　谷牧曾经多次给宁波的领导干部讲过他的蚂蚁理论："引进外资，和人家搞合资，对这件事的难度要有足够的估计。一开始可能投资很少，属于小打小闹，我们也要欢迎，只要来就好，哪怕三家五家，只要谈成了，就要保证办好。你们看过蚂蚁找食吗？一只蚂蚁跑到那里看到有好吃的，比如有糖什么的，后面就有很多蚂蚁跟着来了。"

　　蚂蚁理论提醒人们，引进项目和技术是一个由小到大、由低到高、循序渐进的过程。在开发区建设初期，如果坚持以高标准引进项目，呆板地执行政策，那么很可能会出现眼高手低的情况。开发区起步时，适当降低项目标准，避免土地闲置，促进滚动开发，这是务实且有效的做法。

资料来源：张昊：《谷牧同志是宁波开发开放的总策划师》，http://news.163.com/09/1117/07/5OAAH6ED0001124J.html，2009 年 11 月 17 日。

　　再次，尝试发展商贸业。虽然当时开发区的定位是发展工业，但是第三产业发展滞后给投资者造成了很多不便，影响工业项目的后续引进。NETD 的建设者解放思想、实事求是，决定以工为主，工贸结合，大胆发展商贸、房地产、旅游、各种生产要素市场等第三产业。1991 年，开发区建立商品经营基地，又称万商城，目的是开拓国内外市场，繁荣商品经济，完善投资环境。万商城接纳国内各种经济组织、企事业单位和个人兴办的各种经营性企业，实行灵

活多样的经营方式 ①，企业享受退减税优惠政策。不到一年时间，万商城内的企业发展到一百五十多家，开发区真正开始红火起来。开发区尝试发展第三产业，增加了开发区的经济收益，促进了区域繁荣，为开发区引进工业项目创造了良好的商业氛围。

开发区域初具雏形

经过 7 年建设，NETD 土地开发面积达到 2.384 平方公里，建筑面积达 37.59 万平方米，先期开发的区域实现"七通一平"。开发区于 1987 年开始产出，此后五年的工业总产值、经营额、出口创汇、工商利税和财政收入等主要经济指标均以 50% 以上的年递增率迅速增长，从而逐步进入投入—产出良性循环的阶段。1991 年年末，开发区的职工人数为 10370 人，全区完成工业总产值 41378 万元，其中三资企业占 75%、内联企业占 21%、轻工业占 50.8%、出口产品产值占 50%。财政收入达到 2878 万元，实际累计利用外资 2262.29 万美元，出口总值为 7782 万美元。在全国 14 个国家级经济技术开发区中，NETD 的投入虽然排名靠后处于第 11 位，但实现利润和税收处于前列，分别为第 4 位和第 5 位。

---

① 万商城内的企业可以选择现货、期货、易货、租赁、转口等贸易形式，也可举办订货会、洽谈会、展销会、国际博览会等，还可从事代销、代购、代运、代储、代加工等业务。

三 实业立区（1992—2002）

开发区的初步发展成果，展现了兴办开发区对地区经济发展的显著促进作用，这也使得继续扩大开放逐渐成为各界共识。国家进一步明确开发区的发展思路，调整了兴办开发区的相关政策。在此背景下，NETD进行了第一次扩区，努力"二次创业"再造自身优势，建设完善硬件设施，打造亲商爱商软环境，千方百计招商引资，引进和培育临港产业，强化党建服务开发，从而实现"实业立区"。

扩大开放拓展局面

1991年年底，国务院特区办提出，开发区要坚持"三为主、一致力"的发展方针，即以工业为主，以吸收外资为主，以拓展出口为主，致力于发展高新技术产业。这一方针调整了原先对引进项目规模和技术水平的过高预期，也确认了开发区是工业区的功能定位。1992年，邓小平发表南方谈话，进一步明确了改革开放的方向，掀起了中国对外开放的新高潮（见专栏3-1）。此后，一大批沿长江、沿内陆边境城市和内陆省会城市陆续开放，国家级经开区也由此扩展到东北和中西部地区，地方各级开发区大规模兴起。

开发区"热"现象

90年代初，中国出现了席卷全国的兴办开发区热潮。一些后开放地区在看到沿海开放区发展的火热场面后，认为建立开发区是吸引外资、实现跨越式发展的捷径，错误地以为只要圈出一块土地筑起巢穴，凤凰自然会蜂拥而至。因此，很多地区纷纷效仿沿海地区大力兴办开发区。截至1992年年底，全国共有各级各类开发区9000多个，该年新增开发区数量是此前7年总和的20倍。然而，事与愿违。很多开发区在匆忙划地皮、热闹忙开张之后，却落得一个冷清守摊的结果。此后，国家不得不专门出台文件严格控制用地，并鼓励开发区进行"二次创业"，引导其从数量扩张走向质量提高，从追求速度走向争取效益。

开发区"热"是一些后开放地区不顾自身实际、盲目跟风、一哄而上的结果。开发区遍地开花，不仅分散了对外来投资的吸引力，而且造成了土地资源的浪费。兴办开发区要正确认识其成功的深层原因，处理好土地开发与保护的关系，统筹开发重点与全局的关系，做到合理、有序、健康发展。

资料来源：潘熙宁：《开发区"热"的综合评析》，《统计与决策》1993年第4期。

　　1992 年，中国共产党第十四次全国代表大会确立了"建立社会主义市场经济体制"的目标，结束了国内对于"市场经济姓资姓社"问题的长期争论。1993 年，《中共中央关于建立社会主义市场经济体制若干问题的决定》指出，要坚定不移地实行对外开放政策，加快对外开放步伐，充分利用国内国际两个市场、两种资源，优化资源配置；实行全方位开放；进一步改革对外经济贸易体制，建立适应国际经济通行规则的运行机制；积极引进外来资金、技术、人才和管理经验。1994 年，中国启动了汇率并轨改革，以适应社会主义市场经济体制的要求。1995 年，中国颁布《外商投资产业指导目录》，将其作为利用外资产业导向的重要政策工具。这一系列政策和行动逐步消除了外商来华投资的疑虑，开发区内外商投资水平显著提高。

　　1992 年，宁波提出了"以港兴市，以市促港"的发展战略，致力于把宁波港建设成为全国国际深水中转枢纽港之一，把宁波市建设成为华东地区重要工业城市、对外贸易口岸和浙江的经济中心。国务院召开长江三角洲及长江沿江地区经济发展规划座谈会，明确了宁波是长江三角洲及沿江地区区域性中心城市、华东地区重要对外贸易口岸，并提出要把北仑建设成为长江三角洲沿海的重化工业基地。1994 年，时任中国国家主席江泽民指示，宁波要深化改革、扩大开放，建设现代化国际港口城市（见图 3-1）。《宁波市城市总体规划（1995—2000）》将宁波城市性质明确为：东南沿海重要的港口城市、长江三角洲南翼经济中心、国家历史文化名城。

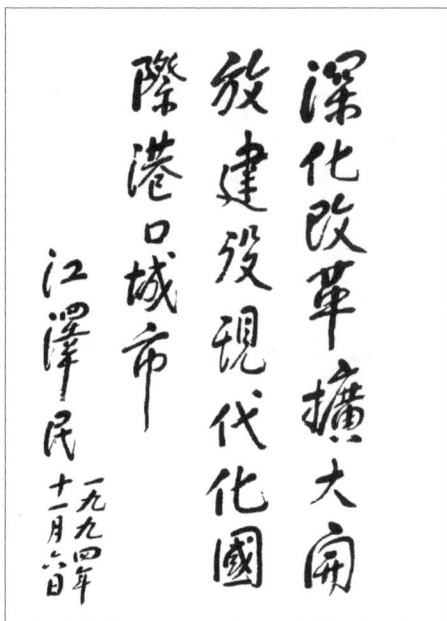

图 3-1　江泽民"深化改革扩大开放建设现代化国际港口城市"题词

资料来源：NETD 管委办

　　1992 年 10 月，国务院正式批复浙江省政府上报的请示，同意将宁波经济技术开发区与北仑港工业区的重点开发区域合并，统称宁波经济技术开发区，实行经济技术开发区的政策。这使得 NETD 的规划总面积扩大到 29.6 平方公里。区域界限为：东以骆亚公路林大山至霞浦段为界，南以金鸡山、千亩岙水库、凤洋村、霞浦镇为界，西以原经济技术开发区西边界为界，北为原经济技术开发区北端沿海沿线到杨公山与骆亚公路算山至林大山段相接（见图 3-2）。扩区后，开发区可以更加充分地利用港口条件引进和发展大型项目，内资和外资企业间的交流互动更加便利。

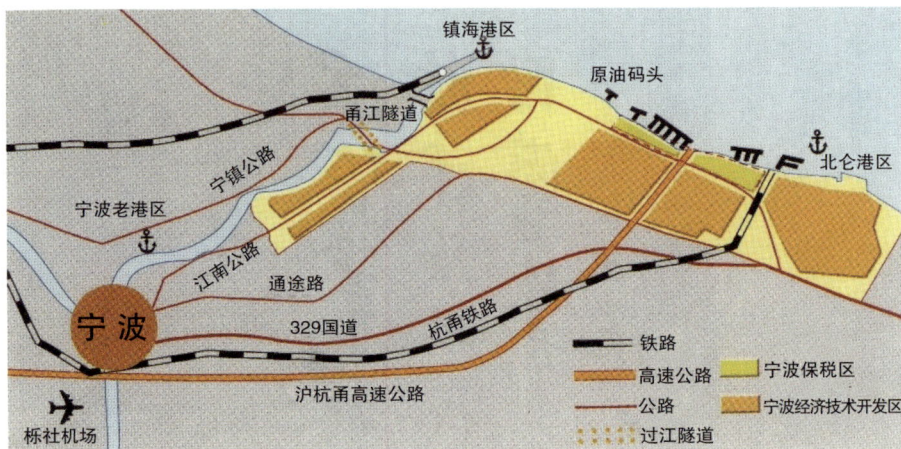

图 3-2 1992 年扩大后的 NETD 示意图

资料来源：NETD 管委办

二次创业再造优势

对外开放在全国推开，为开发区发展带来了新的局面。第一，第一批国家级开发区享有的特殊优惠政策逐步弱化（见专栏 3-2）。如全国首批国家级开发区自收自支的财政政策于 1995 年到期，1998年开始接轨全国分税制，75% 的增值税需要上缴中央。第二，开发区之间的竞争日益激烈。开发区在全国范围内的大量兴起，让外商投资有了更多选择，他们对投资的硬件和软件环境提出了更高要求。开发区为了争夺有限的项目和资金，相互之间展开了激烈的竞争。第三，国际经济波动对开发区的影响增大。如 1997 年的亚洲金融危机爆发后，招商引资工作一度遭遇巨大打击，开发区的经济增长率也曾急剧下降。

专栏 3-2

优惠政策的适用性

优惠政策能够对引导资源流向起到一定的作用，促进发展资源向开发区集聚。它虽然是促进开发区建设和发展的一种手段，但不是建设开发区的决定条件。外商投资不仅关注开发区的政策环境，而且注重工业基础、劳动力供给、城市依托、商贸条件、市场需求等多方面因素。制定优惠政策的目的是改善开发区的投资环境，应该要把握好合理的限度，既要给予外商优惠以吸引投资，又要适当地加以管制，避免国家权益大量外溢。这需要一系列配套优惠政策发挥整体的综合效应。

从长远来看，开发区的发展需要摆脱对优惠政策的依赖。首先，市场经济要求企业待遇平等、地区公平竞争，如果开发区长期维持优惠政策，可能会加剧中央和地方、开放地区和非开放地区、内资企业和外资企业之间的利益冲突。其次，过度使用优惠政策，可能会造成地方盲目攀比、减税让利层层加码，竞争内耗使外资获得过多主导权，最终可能损害本国利益。再次，许多国际机构对其成员国使用优惠政策的条件日益严苛，发展中国家在全球化竞争中使用优惠政策的空间变小、难度加大。因此，发展中国家在兴办开发区的过程中，要充分认识优惠政策的作用及其局限性，正确合理地加以利用。

资料来源：林汉川：《论开发区的优惠政策》，《财政研究》1994 年第 2 期。

在这样的形势下，开发区主要依靠优惠政策来推动发展的方式难以长期维系，NETD 的建设者们不得不继续解放思想，寻找"二次创业"的对策。他们从多个层面实事求是地进行了分析：从同类开发区的横向比较看，NETD 在首批国家级经济技术开发区中，虽然引进外资、出口总值、财政收入等指标处于中偏上水平，但是工业总产值处于中偏下水平，发展工业是 NETD 提升竞争力的当务之急；从区域发展的角度看，要想把宁波建成华东地区的重要工业城市和对外口岸、把北仑建成长江三角洲沿海的重化工业基地，NETD 必须要为北仑港提供后方依托和产业支撑；从开发区的自身需求看，短平快项目和商贸型企业规模小、对政策敏感性强、税收贡献不稳定，NETD 需要引进一些规模大、抗风险能力强、带动效应显著的企业，才能获得长期稳定的大额税收，缓解自身在国家政策弱化后财力不足的情况；从开发区的禀赋条件看，NETD 毗邻中国的国际航运中心——上海，又有丰富的港口和岸线资源，发展临港产业具有极其优越的经济区位和地理条件。

经过多方面综合考虑，NETD 提出了"实业立区"的指导思想，更加充分地运用市场机制培育有实力的工业项目。开发区力争通过 3—5 年努力，把北仑港的区位、交通便捷、运输成本低等潜在优势转化为发展产业的现实优势，引进一批以临港工业为主的项目，形成港口工业群和一批有影响、有实力的企业集团，实现经济结构合理化，提高经济发展质量和效益，促进增长方式转变。NETD 立志建成全国一流的开发区，并设立了 8 个"最"的目标，即开放度最高、改革最有成效、规划最科学、与世界先进水平差距最小、文化技术素质最高、环境质量最佳、社会最安定、人民生活最好。

建设完善硬件设施

面对新形势、新要求，NETD 解放思想，改变了原先节俭办开发区的思路，根据"以项目带基础设施开发，以基础设施配套促项目引进"的原则，将财政支持、以地聚财、滚动开发相结合，筹集多方资金，不断完善硬件设施（见专栏 3-3）。

NETD 在区内划定了四个工业功能小区，因地制宜地引进项目，充分利用土地资本调动多方力量，推动开发区硬件设施建设：联合开发区域由宁波联合发展有限总公司负责开发建设和管理；青峙工业小区紧临全国最大的原油码头，区内海岸线超过 1 公里，由开发区实业开发总公司开发管理，建设开发区的基础产业和加工工业基地；小山工业小区位于开发区东部，由台商独资的宁波太平洋土地建设有限公司进行土地成片开发，重点发展以引进外资为主、有一定规模的出口加工工业；大港工业城位于开发区腹地，紧临开发区政治、经济、文化的中心，由大港开发总公司负责成片开发和管理，重点发展为区内大项目相配套的技术含量高的工业项目。

专栏 3-3

开发区土地开发的模式

土地是开发区最重要的原始资本之一，合理的土地开发是推动开发区实现资金循环的有效方式。在中国开发区发展的不同阶段，土地开发的方式不尽相同，主要可以分为负债开发、滚动开发、划片开发和融资开发等多种模式。

在开发区的起步阶段，负债开发是常见的模式。在这一阶段，开发区的土地供大于求、价格不高，土地开发和基础设施建设的投入大，土地转让成功与否具有很大的不确定性。中国地方政府的国有开发公司承担了土地开发的任务，由于国家贷款和自身资本有限，其负债率较高。地方政府承认开发公司负债的合理性，将土地使用与招商引资统筹考虑。为了争夺稀缺的外资资源，地方政府以较低的价格出让土地，用土地出让收入和企业创造的税收，帮助开发公司偿还债务。

在起步区开发完毕后，开发区需要继续扩大，实现滚动开发。滚动开发既指在规划区域内向起步区外的地方继续推进开发，也包括完善和提高起步区内的开发水平。在这一时期，项目引进给开发区带来了生机，土地转让价格开始逐步上升。但此时，土地需求仍然不大，基础设施的供应超过项目发展的需求。除行政开支外，开发区的绝大部分财政都用于支持国有开发公司扩大土地开发。但是，有限的财政实力使得滚动开发的发展进度较为缓慢。

1992年后，外商大量涌入中国，对可转让土地的需求急剧增加，土地价格不断提高。仅靠国有企业开发土地速度较慢且能力有限，难以满足市场需要。于是，划片开发成为应变的模式。划片开发是指在尊重国家主权和服从法律的前提下，在开发区规划范围内，划出一部分原生土地，引进地产商独立进行商品土地开发。划片开发是企业的商业行为，但运行中需要协调多方利益。在实践中，企业的商业利益和地方发展的公共利益容易出现矛盾，因利益协调失败而导致的开发风险时常发生。当开发区的经济实力获得发展，能够按照市场需求提供足够的可转让的土地后，划片开发模式也逐渐结束了其历史使命。

经过划片阶段的发展，开发区内的土地供需基本平衡。大量外商的进入和跨国集团的发展，使开发区的工业快速发展，级差地租形成，财政收入迅速增加，土地开发能力大大提高。开发区前景良好，开发风险大大下降，可以利用自身资信比较容易地获得贷款，融资开发成为土地开发的稳定模式。土地开发经过前三个阶段的曲折发展，最终实现了良性、可持续的商业化运作。

从中国开发区的发展经历中可以看出，利用土地资源实现开发资金的良性循环，需要经历一个曲折且长期的过程。中国企业到海外投资建设工业园，不可盲目乐观、急于求成，应该充分做好长期计划和短期策略，根据内外环境因势利导，处理好商业利益与公共利益之间的关系，量力而行、循序渐进、稳步发展。当地政府不可只依赖商业资本投入，应该更加积极地调动所在国多方的积极性，打造利益共同体，实现互利共赢。

资料来源：皮黔生、王恺：《走出孤岛：中国经济技术开发区概论》，生活·读书·新知三联书店，2004 年。

在完善硬件设施的过程中，NETD 坚持采取高标准，硬件设施建设适当超前。从 1996 年到 2000 年，开发区累计基础设施建设投资达到 102 亿元，占同期全部固定资产投资的 54%。到 2002 年年末，开发区道路建成 236.4 万平方米，排污能力达到 18 万吨 / 日，绿化面积达到 6.93 平方公里，供水能力为 33 万吨 / 日，程控电话交换机容量为 14.66 万门，供电能力达到 85.3 万千瓦，供汽为 208吨 / 日。开发区尤其重视对交通设施的建设。连接北仑、宁波市区和杭甬高速的高等级城市快速通道——通途路，是 NETD 高标准建设的样板工程之一，也是当时宁波市直接利用外资最大的城市基建项目。通途路在北仑境内全长 12.24 公里，宽 50 米，双向六车道，建设水平和绿化程度都处于国内领先地位（见图 3–3）。此外，开发区还积极融入宁波市的交通圈，形成了以北仑港和宁波市区为中心，以萧甬复线铁路、杭甬高速公路等国、省道干线为骨架，公路、铁路、水路、民航等多种运输方式齐全的综合交通运输网络。硬件设施的完善，优化了开发区的区位条件和投资环境，对外资的吸引力大大增强。

图 3-3　20 世纪 90 年代的通途路

资料来源：NETD 管委办

打造亲商爱商环境

除完善硬件设施建设以外，投资的软环境也至关重要。广义的软环境包括政治局势、发展战略、经济体制、政策法规、市场组织、政府效率和作风、科教水平、生活方式和价值观念等。在诸多改善软环境的努力中，NETD 尤其注重对企业的服务，把富商和安商作为工作的重要内容，大力营造亲商爱商的投资环境。

开发区充分考虑企业的发展利益，在制度设计上做到管理规范性与灵活性的统一。例如 NETD 在 1998 年开始实行两次终结办事制，规定凡企业前来办理事项资料齐全、手续完备的，经办人员必须马上给予办理；在部分非必需资料不全时，可以采取原则性和灵活性相结合的办法，先予以办理，后补全资料。如确系重要资料或手续不全一时不能给予办理的，经办人员要一次性向企业说明需补办的事项。企业准备齐全后第二次前来办理时，经办人员必须办理完毕，不能再提出另外要求。

2000 年，NETD 制定《"绿色通道项目"审批办法》，规定有关部门在合规、合法的前提下，按照特事特办的原则，提前介入，实施并联式作业，同步审批，简化手续，压缩办事时间。工商分局建立 8 小时外及节假日预约服务制度；检验检疫局对企业生产中的工艺、管理、原材料、半成品、卫生防疫等要素进行现场监督检验，试行新的监管模式，可随时办理签证；海关和港务部门推行海铁联运，执行 365 天工作、24 小时值班、1 小时通关服务制度和进出口预约报关制度。

在富商方面，开发区首先开展税外收费清理。制定出台《关于进一步规范税费、优化投资环境的决定》，取消税外收费项目 18 项，降低收费标准项目 11 项。编印了《宁波开发区税外收费手册》及收费登记卡，发给区内企业作为缴费依据，规范收费行为，增加收费工作透明度。拟定《宁波经济技术开发区行政事业性收费项目集中收费实施办法》，最大限度简化收费环节，实行一个窗口收费。

其次，加大在建和投试产项目的服务力度。配合市政府召开重点外商投资企业工作座谈会，协助解决有关问题。对项目服务采取"谁引进谁负责"的方式，项目引进人是企业的第一联系人，为投资者提供"筹建、审批、建设、投产"的一贯制、全天候和全过程服务。对千万美元以上大项目，实施专人负责制，加强跟踪、联络、保姆式服务，切实帮助企业解决存在的困难和问题。通过主任现场办公会议等形式帮助企业解决难点问题，保证重点建设项目的工程进度和发展速度。

再次，实施名品、名厂和名企业家工程。政府和企业联手，充分依靠三资企业协会、贸易促进会传递经贸信息，提高企业知名度，增加企业家之间的沟通与交流，为企业开拓市场牵线搭桥，鼓励企业构建全国性的营销网络，实现规模化经营。

在安商方面，开发区首先完善配套设施建设。开发区进一步改善公共交通条件，建立开发区中心医院，开设国际学校，提高教科文卫事业的服务和质量。搞好区域的环保管理，严格控制废气、废水、粉尘和噪声等污染，合理有效地利用土地资源，盘活土地存量，促进开发建设。进一步绿化和美化开发区，加强公园绿地建设，加大主要道路的绿化力度，打造宜商宜居环境。其次，加强社会治安综合治理。强化法制宣传与教育，加大对犯罪分子的打击力度，以增强投资者和干部职工的安全感。积极推进依法治区，切实维护企业员工和股东的合法权益，减少劳资纠纷，保证企业正常生产与区域性社会稳定。

千方百计招商引资

NETD 把项目作为开发区的生命线，千方百计招引大项目（见故事 3–1、故事 3–2 和故事 3–3）。开发区主要采取了以下措施招商引资。

第一，突出招商引资的重中之重地位。广泛宣传招商引资的重要性，不断增强每个人利用外资的自觉性、积极性和责任心。充分调动各职能部门、各工业小区和各直属公司开展招商的积极性，在全区形成人人关心招商、人人参与招商的良好氛围。建立和完善引进项目责任制，把招商指标层层分解，逐一落实到各职能部门和工业小区，同时制定相应配套的奖罚措施，直接把招商指标完成得好坏同单位及个人的经济效益相挂钩。

第二，强化专业招商队伍。组建招商局，在人员配备和经费使用上采取倾斜措施，配置年龄较轻且学历较高的招商人员。同时，加强对招商人员在涉外政策和法规、业务知识和技巧等方面的培训，使其掌握涉外政策法规，熟悉投资环境，了解国际商情和管理模式，懂得行业知识，提高外语水平。

第三，健全完善招商网络。在区内，形成以招商局为核心、各工业小区专职招商人员为骨架、各直属公司兼职招商人员为延伸、各有关职能部门工作人员共同参与的招商网络。在区外，聘请兼职招商顾问，加强外商与开发区的联系。聘请区内三资企业的外方代表作为海外招商顾问，招商的触角延伸到国外。充分发挥港澳台同胞和海外侨胞的作用，在发达国家建立商业化招商网络。积极推广商业化招商，选择和利用一些资信情况良好的境外商会组织、咨询机构和国内驻外机构，建立长期招商合作关系。

第四，丰富招商引资方式方法。采用委托式招商，充分利用国外大财团、大公司及中介机构的权威性和影响力及在信息、网络等方面的优势，选择一批有信誉、有客户、有诚意的知名企业和中介机构为重点委托对象牵线搭桥。采用形象式招商，集中力量办好现有工业小区和进区企业，发挥典型企业的示范效应，增强对外商的吸引力。采取媒体式招商，在认真做好可行性论证的基础上，筛选区内一些好项目和好企业重点推出，通过国际电子网络和有关媒介进行招商。

第五，强化招商引资基础工作。编制完善《投资指南》，摄制投资环境中外文视频资料。建立健全各类项目信息库，推出包含基础设施重点项目、技术密集型工业项目、鼓励发展的第三产业项目在内的招商项目信息。完善和丰富外商投资资料档案库和中外企业名录。

第六，开展有针对性的招商活动。以日本、韩国、欧美市场为招商重点，组织赴外开展招商活动，促进与欧美、东亚各国的经济交流与合作，吸引世界级跨国公司前来考察洽谈。在吸引港澳等地区投资的基础上，采取以大企业带中小企业或以中小企业引大企业的方式，增加台商在开发区的投资。

故事 3-1

三星重工业造船项目的引进

NETD 位于北仑港后方，具有长达 120 公里的深水岸线，发展造船业的条件得天独厚。开发区认准自身优势，一直想引进高水平修造船项目，并早在 1991 年悄悄成立一个不挂牌机构——修造船项目办公室，抽调精兵强将，投入财力物力，开展修造船项目的可行性研究，为引进项目做了大量的准备工作。此外，预留了有北仑黄金海岸线"金角银边"之称的"长跳嘴"，专门引进修造船项目。

为了掌握造船行业发展情况，NETD 干部们认真学习造船产业领域的知识，对全球产业发展动向进行了分析：

20 世纪 50 年代以后，国际造船基地经历了从欧美到日本再到韩国的转移过程；日本于 60 年代成为世界第一造船大国；韩国于 70 年代开始崛起，在 80 年代超过欧美成为世界第二大造船国，在 90 年代意欲赶超日本。管委会干部判断，日本虽然是世界第一造船大国，但在当时造船业已逐渐走下坡路，不太可能再来投资。韩国是世界造船工业的后起之秀，有实力、有可能向海外扩张。韩国造船业欲赶超日本，亟需补强产业链缺失环节。劳动力与土地成本低廉且岸线资源丰富的中国是其理想的投资地。因此，开发区将韩国作为招商引资的重点。

于是，NETD 组团赴韩国召开投资环境说明会，开展招商工作，并有针对性地登门拜访多家造船企业。招商团的工作人员不折不挠，只要有 1% 的希望，就用 100% 的努力去争取。当全球综合实力排名第 121 位的著名跨国公司——三星重工株式会社派员前来咨询时，招商人员积极回应，并热情邀请三星重工到宁波进行实地考察。三星重工此后多次派专家到宁波考察，NETD 的干部们不厌其烦，认真耐心地做好每次接待。一开始，不少人并不看好宁波，国内造船企业极力反对，三星重工高层曾支持选址菲律宾，但开发区干部有毅力不认输，坚持耐心沟通和积极洽谈。开发区干部的真诚态度、务实作风和优质服务，感动了三星重工的考察人员。

三星重工和 NETD 的谈判经历了三个多月的拉锯战。

商场如战场，双方讨价还价，靠智慧求同存异。三星重工十分细致谨慎，决策程序十分复杂严谨。每场谈判开始前，开发区干部充分意识到跨国公司进入中国在文化、理念和制度上的冲击，提前准备大量资料。谈判过程十分艰苦，中间数度将要破裂，最终又峰回路转。谈判期间，双方常常为一个措词的调整，一项条款的增减，一种价格的定位，拉锯到深夜。

在谈判接近完成时，NETD 获悉三星重工高层主管对该项目选址还存在不同意见。消息传来当晚，开发区不敢有一丝松懈，主要领导连夜向三星重工社长发传真，表达宁波的决心和诚意。精诚所至，金石为开。双方决策者、参与者的诚意、决心和智慧，最终促成这个项目在宁波落地。1996 年，三星重工宁波基地开工，1997 年正式投产，一期投资 2300 万美元，总投资达到 2.4 亿美元（见图 3-4）。

三星重工造船项目的引进过程表明，招商引资需要极大的耐心、毅力、凝聚力、智慧和勇气。开发区工作人员的专业能力和精神干劲是促进招商引资不断取得成功的重要能动性因素。

资料来源：李道轩主编：《开放正未有穷期——宁波日报开发导刊新闻作品选》，宁波出版社，2008 年；作者访谈

图 3-4　1996 年 6 月 6 日，宁波市市长张蔚文
在三星重工修造船项目开工典礼上致辞

资料来源：北仑区委宣传部

故事 3-2

吉利汽车项目的引进

20 世纪 90 年代，受计划经济遗留思想的影响，个体私营（以下简称"个私"）经济在中国仍然受到一定的歧视。但是 NETD 管委会的领导干部思想十分开明，在 1996 年就召开专门会议讨论做大做强个私经济。开发区工商行政管理分局局长王秋叶认为："宪法规定个体经济是社会主义经济的重要组成部分，因此个体经济也是开发区经济的重要组成部分。个私企业没有获得国家投资，却能向国家上缴税收，还能在行业分布上拾遗补阙。外企、国企和私企都是开发区兴旺发达的基础，工商管理部门要一视同仁，

对个私企业多做宣传解释和服务指导。"

当时的开发区虽然以发展外资企业为主，但NETD认为引进私营企业——吉利汽车符合开发区做强工业基地的产业政策。尽管吉利在当时的造车能力十分有限，且没有获得国家正式的生产许可，但开发区着眼长远，给予了吉利充分的信任和极大的支持。在吉利落户开发区的过程中，管委会做了大量的服务工作。吉利对行政审批程序不清楚，开发区相关职能部门就帮其梳理出一套办事指南，主动提供"一条龙"服务。为了加快建设进程，开发区工商局解放思想，尽快核准吉利经营汽车的营业范围。开发区同志还与企业人员一起多次到外地有关部门，帮助吉利提交申请汽车生产目录的材料，为生产小汽车的项目核准做了大量工作。从工商注册、税务登记、开工建设到生产经营，管委会就像全职保姆一样为吉利服务，开发区同志与企业人员交朋友，尽最大可能为企业排忧解难，让企业一心一意搞好生产。

1999年3月，中国吉利集团在NETD注册成立了"浙江吉利汽车制造有限公司"。2000年5月，第一辆美日汽车下线（见图3-5）。从建厂到产出汽车用了不到一年的时间，这堪称国内外造车史上的奇迹。此后，吉利在北仑不断壮大，成为宁波市的汽车及零部件产业龙头企业之一，成长为中国自主品牌汽车的典型代表。北仑基地成为吉利集团最核心的集整车、发动机、变速器研发、制造为一体的战略发展基地之一。

图 3-5　2000 年 5 月 17 日，吉利第一辆美日汽车在 NETD 下线

资料来源：北仑区委宣传部

　　吉利汽车在 NETD 的落户和成长，离不开管委会的支持和帮助。开发区亲商爱商的软环境，牢牢吸引着企业继续扩大投资。吉利汽车的发展产生了极强的带动效应，驱动开发区及周边地区一大批汽车零部件配套企业不断壮大（见图 3-6）。开发区与企业共谋发展，既帮助企业发展，又实现了地区繁荣。

资料来源：中共宁波市委经济技术开发区工作委员会办公室编：《希望之路——宁波经济技术开发区报告文学集》，宁波出版社，1998 年；李道轩主编：《开放正未有穷期——宁波日报开发导刊新闻作品选》，宁波出版社，2008 年；作者访谈

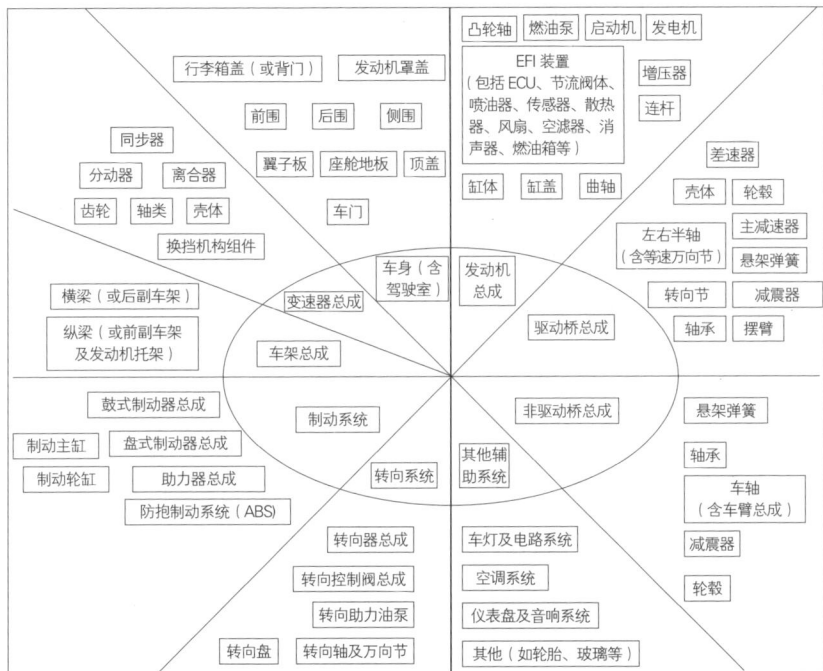

图 3-6 NETD 汽车产业链

资料来源：董颖、石磊：《区域经济的产业联动与生态化——宁波北仑案例》，浙江大学出版社，2014 年，第 163 页。

故事 3-3

台塑石化项目的引进

为了把北仑打造成为重化工和能源原材料基地，NETD 积极邀请和接待国外多家大型化工企业到开发区考察。台塑石化是开发区引进的最大的化工项目，它的成功引进离不开宁波市、NETD 和北仑区各级主要领导和干部的共同努力。

　　2000 年 4 月中旬，当得知台湾最大的石油化工工业集团——台塑集团将于 4 月 25 日派人来宁波投资考察，宁波市和管委会领导高度重视。时任宁波市副市长、NETD 管委会主任姚力要求经济发展局在三天内做出项目方案。当时，台塑集团（以下简称"台塑"）并没有说明具体的投资项目，只是提供了用地面积、用水量、码头要求的三个数字。经济发展局领导干部分析，台塑在炼油、乙烯、PVC 粉及其二次加工、大部分纤维纺织产品等方面的产能已经在世界名列前茅。台塑很有可能在大陆和东南亚投资上百亿元，建立上下游配套的化工生产基地，以扩张其全球的产业布局。根据这一判断，经发局干部们通过三日两夜的加班加点，制定出了一份长达 120 页的详细项目方案。4 月 21 日，宁波市政府召开专题会，专门讨论了台塑项目的引进方案。4 月 25 日，宁波市政府办公厅涉外处副处长和 NETD 经济发展局（以下简称"经发局"）副局长专程前往上海，迎接第一批台塑客人到开发区考察。在初步接洽中，台塑方面对开发区的方案非常满意，表示可以进一步深入洽谈。

　　为了创造 NETD 的优势，宁波一方面强调开发区突出的区位条件，另一方面承诺投入大量资金和土地，以保障台塑项目的配套基础设施。除了硬件条件，宁波的亲商软环境是吸引台塑项目到 NETD 落户的重要因素。2000 年初秋，时任台塑集团副总裁王永在来到宁波考察，时任宁波市常务副市长邵占维亲自设晚宴接待，并就投资问题进行讨论。在晚宴期间，王永在提出土地价格、设厂条件等问题，邵占维副市长认真倾听、有问必答，并时不时地在笔记本上做好记录。晚宴结束后已经是晚上9点多，王永在拿出一份写着80来个问题的清单，希望在他第二天早上启程前得到答复。为此，经发局的7位同志连夜赶往北仑，各个处室分工协调，对所有问题一一进行书面解答。夜里3点多，开发区的同志还在和海关、港口等部门的相关负责人通话，询问解答问题细节。直到凌晨4点左右，开发区的同志把所有问题都解答好，并装订成册。第二天早上6点多，邵占维副市长到酒店陪同王永在吃早饭，并把一本本厚厚的问题解答册交给台塑的考察人员。王永在当即对宁波市和开发区机关的高效服务和亲商态度赞赏有加。此后，台塑与NETD的谈判步入正轨。

2001年3月，宁波市常务副市长邵占维率领由宁波市和NETD管委会重要干部组成的招商团赶赴台湾，和台塑集团包括王永庆、王永在在内的主要负责人进行洽谈（见图3-7）。当年夏天，宁波市和北仑区主要领导组成台塑工程领导小组，抽调市计委、市财政局、开发区相关职能局干部组成具体工作班子，成立台塑办（后改为重大项目办公室），专门负责、共同协调台塑等重大项目引进中的洽谈、基础设施配套和拆迁等一系列问题。开发区、宁波市和北仑区还达成共识，按照6:3:1的比例对重大项目的投资和收益进行分配，以充分调动各方引进和建设项目的积极性。

图3-7　2001年3月20日，时任宁波市常务副市长邵占维率宁波市和NETD相关负责人亲赴台湾，与时任台塑集团董事长王永庆和相关负责人洽谈引进项目。图中左三为邵占维，其正对面为王永庆

资料来源：北仑区管委办

从达成初步意向到签署投资协议，台塑先后派出100多名专家级人士前来考察，并进行了19次谈判，每次谈判时间都在一个星期左右。2001年11月，台塑关系企业第一批项目之一台化塑胶（宁波）有限公司正式注册成立并落户NETD。项目公司注册资本4812万美元，投资总额1.44亿美元。台塑在开发区的落户，不但提升了开发区项目的规模档次，而且产生了"台塑效应"。业内人士纷纷表示，连要求如此苛刻的"经营大王"王永庆都选择了

宁波，他们还有什么可犹豫的呢？一大批台湾企业和大型化工企业纷纷到开发区洽谈投资项目，而且投资规模大、洽谈成功率高。

在此后的十几年中，台塑对 NETD 进行了多期追加投资，打造大型石化基地，投资规模迄今已经达到上百亿元。台塑项目的引进填补了浙江省乃至全国对各种石化产品需求的缺口，有效延伸了浙江省的石化产业链，对宁波市和浙江省的产业结构调整产生了重要的促进作用。

资料来源：李道轩主编：《开放正未有穷期——宁波日报开发导刊新闻作品选》，宁波出版社，2008 年；作者访谈

临港产业落地生根

随着开发区投资环境的完善和招商引资的拓展，一大批临港工业大项目相继在 NETD 落户并发展壮大。这些项目以重化工、装备制造和传统加工业为主体，涉及石化、电力、钢铁、汽车及零配件、船舶、造纸、机械、纺织服装、食品等多个产业。2002年，开发区工业总产值上亿元的企业达 39 个，涵盖多个领域（见表 3-1）。

表 3-1　2002 年 NETD 工业总产值上亿元的企业

序号	企　业	产值（万元）
1	浙江北仑发电有限公司	320914
2	宁波中华纸业有限公司	222702
3	浙江北仑第一发电有限责任公司	206230
4	宁波申洲织造集团有限公司	183278
5	宁波宝新不锈钢有限公司	164422
6	金光食品（宁波）有限公司	125112
7	宁波美日汽车制造有限公司	86686
8	宁波大港海天机械有限公司	60709
9	宁波新桥化工有限公司	56325
10	宁波经济技术开发区中强电动工具有限公司	49901
11	飞达仕新乐有限公司	49249
12	利华（宁波）羊毛工业股份有限公司	43970
13	宁波海螺水泥有限公司	43500
14	宁波正大粮油实业有限公司	39972
15	宁波麦芽有限公司	33594
16	浙江太平洋化学有限公司	32901
17	宁波裕民机械工业有限公司	31251
18	宁波和桥化工有限公司	27777
19	天旗运动用品（宁波）有限公司	36444
20	埃索（浙江）有限公司	25322

序号	企　业	产值（万元）
21	宁波埃美柯铜阀门有限公司	25272
22	宁波德业高精模塑有限公司	21377
23	宁波侨泰纺织有限公司	21345
24	宁波亚洲纸管纸箱有限公司	18535
25	浙江善高化学有限公司	16657
26	三星重工业（宁波）有限公司	16247
27	宁波华晨瑞兴汽车零部件有限公司	15885
28	兴洋浙东（宁波）毛毯有限公司	15245
29	宁波侨泰兴纺织有限公司	14365
30	宁波开发区北仑热电有限公司	12928
31	宁波生方横店电器有限公司	12463
32	埃索（浙江）沥青有限公司	12446
33	宁波开发区拓普事业有限公司	11611
34	宁波开发区热电有限责任公司	11536
35	宁波正大农业有限公司	11136
36	怡人工艺品（宁波）有限公司	10944
37	宁波科宁达工业有限公司	10900
38	宁波隆兴电信设备制造有限公司	10477
39	宁波厚生（股份）有限公司	10300

资料来源：宁波经济技术开发区经济发展局：《2002年宁波经济技术开发区经济发展报告》，第26页。

　　临港产业在开发区落地生根，有多方面的原因。首先，它符合产业发展的经济规律。NETD处于北仑港的腹地，具有良好的经济区位、便捷的交通运输、廉价充足的土地和劳动力资源，可以对大宗原材料、半成品和成品进行加工和配送，是发达国家产业转移的理想选择地。其次，它是跨国公司进入中国市场的跳板。改革开放后，中国经济高速增长，形成了需求巨大的国内市场。然而2002年前，中国尚未加入世界贸易组织，外国商品进入中国市场受到高关税的阻碍。跨国公司在中国投资建厂，可以有效规避关税壁垒，顺利进入中国市场。再次，它是国家战略布局的发展需要。1992年以后，中国的工业化进程加快推进，对原材料、能源和装备机械的需求日益增加。在开发区兴办电力、石化、钢铁、机械等重工业，可以为长三角及周边地区上下游和相关产业的发展提供有力支撑。

　　临港产业的发展，对开发区和周边地区的经济发展产生了积极的辐射作用。它的发展绝不仅仅是本身经济总量的增长，更重要的是其具有强大的产业链延伸和技术溢出能力。港口经济链上发展出不同层次的相关产业，带动了当地民营企业的成长壮大，对港口城市和所在地区产生累积乘数效应。临港工业的发展还创造了大量就业机会，吸引了大量劳动力，并提高了他们的产业技能，有力地加速了城市化进程。此外，临港工业带来了资金、信息、人才等的集聚，促进了城市集散、服务、生产、创新等功能的开发，使港、城经济在相辅相成中不断向前发展。

强化党建服务开发

开发区是经济发展的前沿阵地，也是党建工作的重要地区。NETD 十分注重党建和党员教育管理工作，并使其服务于开发区的建设和发展。开发区自 1993 年开始探索外来务工党员属地化、区域化管理，建立全区第一个区域性党组织——开发区人员交流中心综合党支部，统一管理区域零散和流动的党员。区域性党组织成为区域内单建党组织的孵化器和零散流动党员的蓄水池。区域化党建[①]把隶属不同系统、掌握不同资源、比较松散的党组织联系成为紧密型的党建共同体，形成全覆盖、广吸纳、动态开放的基层党组织体系。在稳固的党组织体系下，开发区利用广泛的社会资源和政治资源，在三资企业内开展基层党建工作，通过发挥党组织的政治核心作用，同时坚持党建工作的"四个结合"和"五条渠道"[②]，做到党建和业务工作有机结合，切实服务于开发开放。这不仅使党组

[①] 区域化党建是指在城乡经济社会结构转型、统筹一体化的背景下，按照区域统筹的理念，运用现代管理科学和信息科技手段，在一定的区域范围内，统筹设置基层党组织，统一管理党员队伍，通盘使用党建阵地，形成以街道党工委为核心、社区党组织为基础、其他基层党组织为结点的网络化体系。与传统体制的单位党建或社区党建相比，区域化党建更具有地域性、网络性、多元性、开放性、整合性的特点。

[②] "四个结合"是：在工作指导思想上，把党的工作和企业生产经营密切结合；在工作方式上，把原则性与灵活性相结合；在活动规模和时间上，做到相对集中与化整为零、脱产与业余相结合；在党员教育上，将党课教育和函授培训结合起来。"五条渠道"是：通过党员模范带头作用，通过党员董事和党员行政管理人员发挥作用，通过工会组织发挥作用，通过共青团发挥作用，通过先进典型发挥作用。

织始终与先进的生产力和广大人民群众保持密切联系，而且为企业所需要，为党员所欢迎，为外商所理解，从而党建和开发工作得以融合发展。

此外，开发区党工委针对开发区的特点，大力推进精神文明建设。开展和宣传"爱祖国、爱开发区、爱本职岗位，为开发区做贡献"的活动，从管委会内部向外部社会传递和扩散开发建设的正能量。组织广大干部开展办事效率、服务态度、应用普通话的竞赛活动，提炼和弘扬"开拓、求实、高效、奉献"的开发区精神，以及"急事急办、特事特办，一切为投资者着想"的开发区座右铭，激励开发区工作者不断提高从业素质和职业精神。在 NETD，"人人都是投资环境，事事都关信誉形象"不仅仅是一句宣传口号，每个单位更是从一声问候、一杯茶水、一个行为、一个电话抓起，形成全方位优化服务的合力。党工委通过加强和落实精神文明建设，不断净化开发区内的社会风气，不断提升广大党员和干部的思想觉悟，防微杜渐，减少官僚主义和腐败问题的发生。

开发成效日益凸显

从 1992 年到 2002 年，NETD 的 GDP 从 7.3 亿元增长到 105.3 亿元，占宁波市 GDP 的比重从 3.4% 增加到 7%，实际利用外资从 4300 万美元增加到超过 4 亿美元，工业总产值从 10 亿元增加到 325.4 亿元，出口总额从 1.3 亿美元增加到 10 亿美元，税收从 4800 万元增加到 16.8 亿元。城镇居民人均可支配收入从 2501 元增加到 12970 元，农村居民人均纯收入从 1486 元增加到 5919 元。2002 年年末，开发区人口达 30.8 万人。在开发区国有及年销售收入 500 万元以上工业企业中，电力、造纸、机械、服装、石化和食品六大行业占 71.2%。外商投资企业 122 家，历年累计 725 家；总投资 16.4 亿美元，历年累计 75 亿美元。前五大出口产品是纺织原料及服装（32%）、成套机电设备（28.9%）、日用品（9.9%）、五金制品（8.3%）和塑料及橡胶制品（6.1%）。2002 年，在 49 个国家级开发区中，NETD 地区生产总值排名第 7 位，实际利用外资总量排名第 5 位，税收排名第 9 位，出口总额排名第 8 位，工业总产值排名第 7 位。

四 产城融合（2002—至今）

1992 年到 2002 年的十年间，中国与世界经济的联系大大加强，与国外的经济合作和技术交流日益密切。为了进一步发挥本国优势、深化改革、扩大开放，中国开始更加积极主动地融入世界，逐步推进全面开放。经过"实业立区"阶段的发展，NETD 的工业化快速推进，但新的问题也不断出现。为了顺应中国融入世界发展的大势，并应对发展过程中出现的挑战，开发区与行政区进行二区融合，统筹协调资源对北仑进行全面开发，精耕细作推动集约式发展，打造绿色可持续的循环经济，用创新驱动产业转型升级，以党建引领管理与服务，通过产城一体化提升人民福祉，实现产城融合发展。

融入世界全面开发

2001 年年底，中国正式加入世界贸易组织。依据世贸组织规则，中国修订相关法律法规，在非关税壁垒、贸易权、流通领域、特许经营、交通、仓储、货运代理、海上运输、邮政服务、交通和互联网、银行金融、保险、证券、资产管理、企业服务、音像、建筑业、旅游业和教育等多个方面促进市场化改革，逐步提高对外开放水平。2010 年后，国际形势趋于复杂多变，中国经济逐渐步入新常态。中国共产党第十八次全国代表大会以来，中国以更加积极主动的姿态走向世界，在双边、多边和全球舞台上推动全球的开放合作。2013 年，中国国家主席习近平提出"一带一路"倡议，以"共商、共建、共享"原则，与世界各国合作构建"人类命运共同体"，为全球可持续发展贡献中国智慧和中国方案。中国鼓励企业"走出去"，与其他国家合作建设经济园区。中国将"引进来"与"走出去"并重，致力于打造陆海内外联动、东西双向开放的全面开放新格局。

自 1999 年起，国家对外贸易经济合作部（2003 年后并入商务部）制定国家级开发区投资环境综合评价体系，各级地方政府也陆续出台相应的评价办法，以考评的方式引导开发区发展。2004 年，国家将开发区的发展方针调整为"三为主、二致力、一促进"，即以提高吸收外资质量为主，以发展现代制造业为主，以优化出口结构为主；致力于发展高新技术产业，致力于发展高附加值服务业；促进国家经济开发区向多功能综合性产业区发展。2012 年，这一方针进一步调整为"三并重、二致力、一促进"，即以先进制造业与现代服务业并重，利用境外投资与境内投资并重，经济发展与社会和谐并重；致力于提高发展质量和水平，致力于增强体制机制活力；促进国家级经开区向以产业为主导的多功能综合性区域转变。

2003 年，时任浙江省委书记习近平紧密结合浙江实际，提出并实施"八八战略"，进一步发挥浙江优势，推动经济社会更加科学地发展。"八八战略"具体是指，进一步发挥浙江的体制机制优势，大力推动以公有制为主体的多种所有制经济共同发展，不断完善社会主义市场经济体制；进一步发挥浙江的区位优势，主动接轨上海、积极参与长江三角洲地区交流与合作，不断提高对内对外开放水平；进一步发挥浙江的块状特色产业优势，加快先进制造业基地建设，走新型工业化道路；进一步发挥浙江的城乡协调发展优势，统筹城乡经济社会发展，加快推进城乡一体化；进一步发挥浙江的生态优势，创建生态省，打造"绿色浙江"；进一步发挥浙江的山海资源优势，大力发展海洋经济，推动欠发达地区跨越式发展，努力使海洋经济和欠发达地区的发展成为我省（浙江）经济新的增长点；进一步发挥浙江的环境优势，积极推进基础设施建设，切实加强法治建设、信用建设和机关效能建设；进一步发挥浙江的人文优势，积极推进科教兴省、人才强省，加快建设文化大省。在浙江工作期间，他曾多次到 NETD 视察调研。2004 年，习近平指出，港口是宁波最大的资源，开放是宁波最大的优势，宁波要充分发挥物质基础雄厚、区位环境优越、港口资源丰富、体制机制灵活等优势，突出重点、把握关键，坚持以港兴市，坚持统筹城乡发展，坚持优化提升产业结构，坚持以开放促发展，坚持经济社会协调和可持续发展。2005 年，习近平提出"既要金山银山，也要绿水青山，绿水青山就是金山银山"的可持续发展理念。

《宁波市城市总体规划（2004—2020）》将宁波城市职能定位为东北亚航运中心深水枢纽港，华东地区重要的先进制造业基地、现代物流中心和交通枢纽，长江三角洲南翼重要对外贸易口岸，浙江省对外开放窗口和高教科研副中心，东南沿海重要风景旅游城市。

北仑的定位是东北亚航运中心深水枢纽港、东南沿海以大型临港工业和出口加工工业为主的先进制造业基地、区域性现代物流中心和现代化滨海新城区。2015 年规划修订，将宁波城市的职能调整为国际贸易物流港、东北亚航运中心深水枢纽港、华东地区重要的先进制造业基地、长江三角洲南翼重要对外贸易口岸、浙江海洋经济发展核心示范区。

两区融合统筹协调

进入 21 世纪后，从中央到地方对开发开放的广度和深度都提出了更高要求，而 NETD 面临着一系列新的问题。第一，开发区的发展空间不足。开发区内的工业小区已经基本布满项目，但一批待引进的新项目需要更多土地。不少即将落户的重大项目跨越了开发区和行政区的地理边界，其要征用的土地和拆迁的民房，大大超出开发区能够管理的范围。第二，两区管理出现矛盾。开发区和行政区分立的体制，使得北仑区域内管理机构重叠，资源配置浪费，利益矛盾难以协调。开发区与行政区的割裂，也使北仑的规划布局不统一，空间利用难以实现最优化。第三，城市化发展滞后。开发区过于侧重经济功能，生活配套设施比较落后，教育和卫生等社会公共事务管理不到位，制约招商引资的纵深发展。第四，产业关联性不强。在引进临港大项目时，开发区缺乏前瞻性和全局性的规划，导致项目布局分散，产业纵向延伸与横向集聚不足，产业链和产业集群有效衔接不够。第五，区港联动有待深入发展。尽管宁波港货物的吞吐量很大，但是它们大多只是借道北仑，没有给开发区带来太多收益。开发区需要增强对宁波港的配套服务、增值服务能力，促使港口转变为贸易物流港、开发区转变为海洋经济强区。第六，环境承载压力大。能源、造纸、造船和化工等重工业是高耗能产业，且对空气、水体和土壤等环境有较大的影响。开发区集中发展这些临港产业，在治理环境污染、保障人民身心健康方面承受较大的压力。

为了实现区域的全面开放，解决发展面临的新问题，加强开发区与行政区的统筹协调成为当务之急。2002 年，宁波市委、市政府决定将 NETD 与行政区实行两区融合。2003 年起，NETD 实行新的管理体制，以"小政府、大服务"为原则，突出开发开放的重点（见专栏 4-1）。开发区和行政区进行统筹运作，职能相互覆盖、各有侧重。新体制在机构设置上保留开发区在经济开发和管理中具有优势的部门，负责北仑区域的经济事务，这实际上扩大了全区的开发开放程度。新体制使两区在人才、土地、基础设施、招商引资和公共服务等方面实现优势互补，同时集多项政策和功能于一体，集行政、经济和社会管理于一身，具有一般开发区或行政区没有的特殊优势。

专栏 4-1

开发区的管理体制

管理体制创新是开发区建设的必然要求。NETD 在发展过程中经历了管委会模式、企业管理模式、区政统筹模式等多种管理体制。这三种管理体制在中国其他开发区中得到普遍采用，具有各自的优点和缺点，适合开发区的不同发展阶段和不同条件的开发区。

管委会模式的优点是管委会具有独立的经济管理权，机构精简高效，可以降低交易成本、减少内部扯皮、协调一线矛盾、摆脱外部牵制、获得政府高层信息，可以因地制宜地制定开发目标，快速推进开发区建设。缺点在于行政授权不到位，缺乏综合协调能力，对社会事务管理和服务不足，与所在的行政区在领导、规划、管理、开发和建设等多方面的权力和利益分配上容易发生冲突。这种模式适用于开发区发展的初期和中期，适合于人口较少、相对独立的中小型开发区。

企业管理模式的优点在于可以完全按照企业制度进行运作，自主经营、自负盈亏，管理成本低、运作效率高，能够有效避免政企不分、转嫁经营风险，有利于把握资金的使用率和投资成本的回收率。缺点在于开发公司的收入来源单一、持续发展资金不足。虽然企业承担了大量的公共事业开发，但是无法从税收中获得必要的补偿，可能导致开发区的基础设施开发水平较低、地价过高、债务过重。这种模式适用于开发区发展的初期和中期，适合于当地经济发达、功能相对单一、地域面积较小的开发区。

区政统筹模式的优点在于既能发挥开发区产业发展、招商引资方面的长处，又能利用行政区社会公共服务方面的优势，使得开发区和行政区的优势互补、共同服务发展。缺点在于区、政统筹之后庞大的机构设置，可能会对开发区原有的精简高效的行政效率提出挑战。这种模式适用于开发区发展的后期，适合经济比较发达、由产业集聚向人才集聚和多元融合方向发展转变的开发区。

资料来源：宁波市对外贸易经济合作局、宁波经济技术开发区管委会、商务部研究院：《国家级经济技术开发区体制机制创新研究》，2014 年 1 月。

两区融合后，NETD 全面加快城区现代化、城乡一体化进程，走区域协调、城乡联动的新型城市化道路。开发区统筹城乡资源，构建覆盖全区、层级清晰、目标明确、管理有序的城乡规划体系，全面实施"中提升、南加速、东拓展、西联动"的区域协调发展战略，合理整合和利用全域资源，并与宁波市紧密联动发展（见图 4-1）。"中提升"是指着眼于促进港口、产业和城区协调发展，对新碶、大碶、柴桥、霞浦四个街道实行整体规划建设，坚持新城建设和老城改造并重，全面提升中心城区的集聚、辐射和带动功能。"南加速"是指高起点、高标准、高水平地谋划春晓区块和梅山岛的发展，加速开发建设，打造新的经济增长板块。"东拓展"是指拓展白峰产业发展空间和城区规划建设空间，围绕五、六期集装箱码头及矿石煤炭码头、LNG 等重点项目建设，着力引进临港大工业项目和国际知名航运企业、物流企业，完善配套基础设施和公共服务设施，加快东部副中心城区建设。"西联动"是指立足于小港区块的经济基础和区位优势，主动接轨宁波城市东扩，进一步明确功能定位，优化空间规划，盘活土地资源，改造配套设施，整合产业发展，强化居住功能，实现与宁波东部新城、北仑中心城区的联动发展。开发区加快中心城区重大功能性公共服务设施的规划建设力度，建成了新行政中心、体艺中心和凤凰山主题乐园等重要基础设施，切实提升了城市形象（见图4-2）。NETD以"再造一个开发区"为目标，在春晓区块重点引进生态环保型、资源节约型、税源型企业，建设循环经济示范园区。此外，全力做好梅山岛开发工作，打造宁波舟山保税港核心港区、宁波城区生态绿岛、北仑区重要的城市组团。

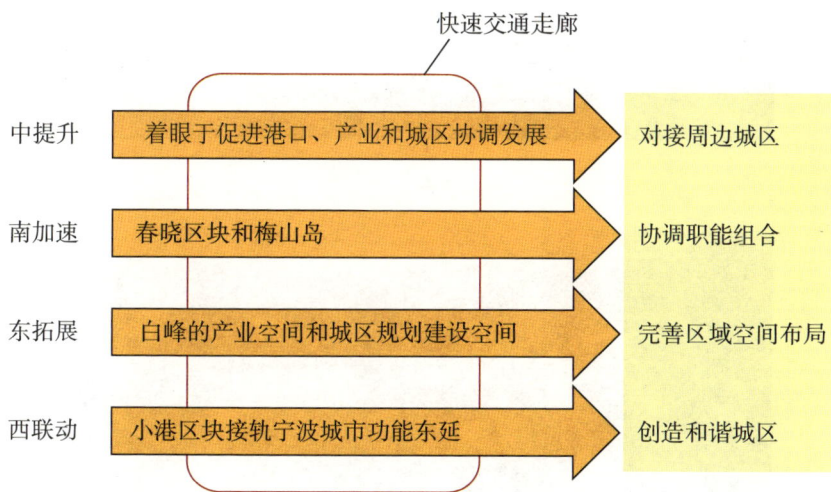

快速交通走廊

中提升	着眼于促进港口、产业和城区协调发展	对接周边城区
南加速	春晓区块和梅山岛	协调职能组合
东拓展	白峰的产业空间和城区规划建设空间	完善区域空间布局
西联动	小港区块接轨宁波城市功能东延	创造和谐城区

图4-1　NETD"中提升、南加速、东拓展、西联动"区域协调发展战略

资料来源：浙江省城乡规划设计研究院：《宁波市北仑区区域空间发展战略规划研究》，2008年，第7页。

新行政中心

体艺中心

凤凰山主题乐园

图 4-2　NETD 的重大功能性公共服务设施

资料来源：北仑区委宣传部

精耕细作集约发展

在两区融合前，开发区内形成了以外来投资为主的临港重工业集聚，而行政区主要发展以本土民营企业为主的传统产业，包括纺织服装、注塑机、模具等。两区融合后，为了实现本土企业和外资企业的共同发展、充分利用有限的土地和资源，NETD 三管齐下，推动域内产业集群式发展，促进土地集约化开发利用。

首先，增强产业关联与协作。第一，深度延伸临港产业链条。依托石化产业，大力发展精细化工、高档纤维、生物化工、新材料工业；依托钢铁产业，发展建筑材料、交通运输设备、汽车和船舶配件、家电、厨卫设备、医疗器械、水资源加工设备等工业；依托能源产业，发展新型建材等工业；依托汽车工业和修造船业，大力发展精密模具、电子、节能设备、尾气排放控制系统、数控设备、发动机制造等工业。第二，强化临港产业之间、临港产业与其他产业之间的联系。如引导钢铁行业和汽车、注塑机、船舶等行业配合，形成有竞争力的机械、汽车和修造船工业；围绕汽车和专用机械设备行业的发展，提高本地模具、汽配行业的发展水平等。第三，培育大中小企业配套协作的产业体系。深入实施工业企业"122"工程和服务业企业"121"工程[①]，引导各类生产要素和资源有效集聚，培育一批关联度大、带动力强的龙头企业，一批主业突出、竞争力强的骨干企业，一批专业化优势明显、创新能力强的优势企业，支撑经济持续较快增长。此外，加大对中小企业和民营企业的扶持力度，鼓励"专、精、特、新"的发展路子，加快培育一批创新型企业和成长型企业，加强与大企业配套协作和集聚发展。

其次，培育和提升产业集群。基于北仑的产业基础，NETD 抓住模具、注塑机、整车和零部件等关键性产业发展集群（见故事4-1）。以注塑机产业为例。北仑原有国内销量最大的海天机械公司，为了进一步壮大产业，开发区提出打造世界级注塑机产业基地的目标，先后引进 10 余家注塑机整机和 30 多家配套国际知名企业，建立国家级塑料机械质量监督检验中心等公共服务机构，不断完善和强化注塑机产业链，形成了国内规模最大、层次最高、规格最齐全的注塑机产业集群。在产业集群中，大量企业和机构集聚产生了外部经济效益，企业间的生产分工和协作不断加深，交易成本和运输成本大大降低，知识与信息的累积效应不断增强，促进了企业技术创新和效益提升（见专栏4-2）。

---

① 工业企业"122"工程：到2012年，全区力争形成产值超百亿元的龙头企业10家，形成产值超十亿元的骨干企业20家，形成产值超亿元的优势企业200家，初步形成"龙头企业引领、骨干企业支撑、优势企业活跃"的现代化工业产业体系。服务业企业"121"工程：到2012年，在商贸、金融、房地产、物流、信息科技和旅游业等行业中，重点培育10家龙头企业、20家骨干企业和100家种子企业。

故事 4-1

模具产业在 NETD 的发展

模具是产品制造中重要的基础工艺装备，模具技术的高低是衡量国家制造业水平高低的标志。北仑是"压铸模之乡"，压铸模具设计制造水平、生产能力和制造企业密集程度均处于国内领先水平，产量占全国的 40% 以上。模具产业是 NETD 推动集群式和集约化发展的典型案例。

根据空间布局和产业特点，开发区规划近 4000 亩用地，建设大碶高档模具及汽车零部件产业基地（见图 4-3）。目前，基地内集聚 50 余家模具压铸及汽配优势企业，有员工 2 万余人。园区内有 19 家高新技术企业，4 家中国重点骨干模具企业，2 个国家级实验室，20 余个国家、省市各级研发和工程（技术）中心。园区内部构筑并延伸自身的成长链，逐步形成分工合理、配套健全、协作紧密的模具产业链，提高了整个产业链的竞争优势。

2016 年，大碶高档模具园区被评为"全国压铸模具标准化示范基地"。模具产业已经发展成为 NETD 工业经济的支柱产业之一，是战略性新兴产业及高端技术服务业发展的重要支撑。

资料来源：作者访谈

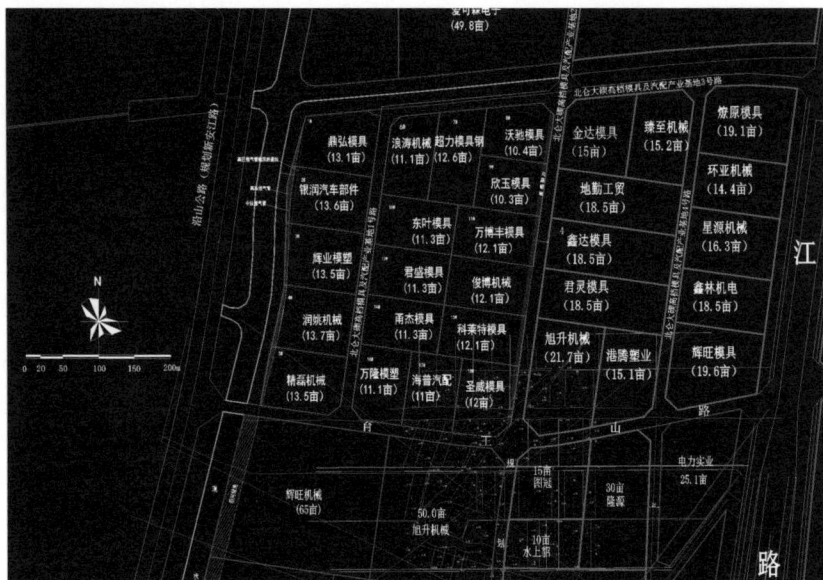

图4-3 大碶高档模具园区主要模具企业布局图

资料来源：北仑区灵峰社区

专栏4-2

开发区与产业集群

产业集群是指集中于一定区域内、特定产业的众多具有分工合作关系的企业以及与其发展有关的各种机构，通过纵横交错的网络关系紧密联系在一起的空间集聚体。产业集群是推进区域经济增长和企业创新的重要方式。发展产业集群是开发区建设的理论目标，也是经济政策的重要着眼点。

中国开发区中的产业集群演进可以分为两个阶段。第一阶段主要受外源动力机制影响，由政府主导。政府通过制度安排和要素投入增强开发区的吸引力，促使生产要素向开发区集聚，从而形成产业集群的雏形。此时，集群内产业的关联性不强，集群效应较弱。如果政府遵循产业集群的组织规律，完善其发展的要素条件，那么产业集群的内源动力机制就会形成，产业集群逐渐进入第二阶段，主要受内源动力机制影响。在第二阶段中，产业集群内的企业联系更加紧密，集聚效应逐渐凸现，产业不断升级，产业集群迈向高级阶段，开发区形成较强的地区竞争力。

资料来源：刘延松、焦少飞、张连业：《基于产业集群的开发区发展问题研究》，《华东经济管理》2008 年第 12 期。

再次，推进产业集聚平台建设和集约式发展。一方面，立足现有存量产业布局，推进"一带一区一城六基地"的九大产业（功能区）建设，基本实现主要产业的全域布局（见图 4-4）。九大基地根据自身的地理优势和产业基础，促进开发区内产业的集约发展。另一方面，开展企业综合效益评价和要素资源市场化配置改革，推进"腾笼换鸟"。NETD 在区内强化单位产出意识，坚持"以亩产论英雄"，对企业开展体检，并建立综合评价排序机制，确立差别化的资源要素配置和价格形成制度。在此基础上，开发区通过淘汰或转移以高污染、高消耗、低产出、低效益等为主要特征的相对低端产业、企业或某些生产环节，腾出原占有的土地、能源、环境等资源要素空间，置换相对高端的先进制造业和现代生产性服务业优质企业和先进生产环节。

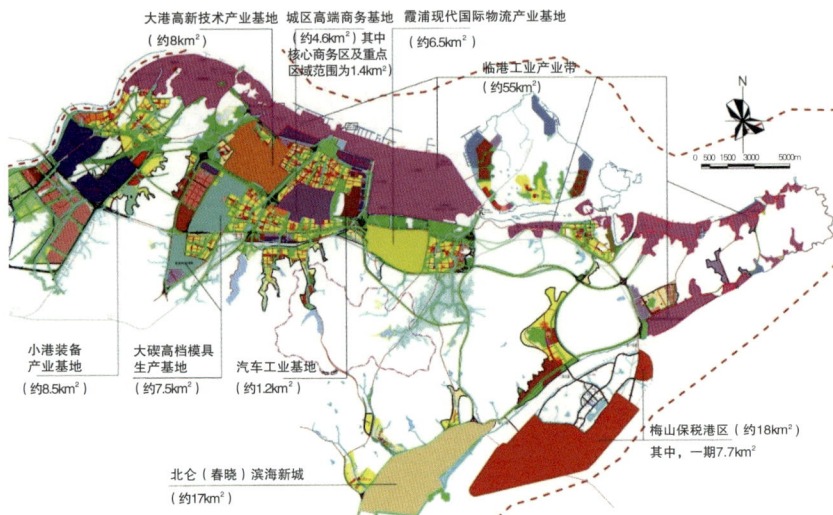

图 4-4　NETD 的九大产业基地（功能区）分布图

资料来源：NETD 发改局

循环经济绿色持续

以临港重工业为主的产业特点，让 NETD 的管理者和居民较早意识到环境保护和可持续发展的重要性。开发区跳出"唯 GDP 论英雄"的习惯思维，努力破除"工业园发展必然带来环境污染"的成见。北仑区早在 2002 年就提出建设"绿色北仑"战略，2005 年出台了《宁波市北仑生态区建设规划》。大力推进产业生态化、发展循环经济①，努力实现产业与生态并蒂花开，探索并形成了"企业小循环、

---

① 产业生态化是指依据自然界有机循环原理建立起来的，使不同企业之间、不同产业之间形成相互依存，类似于自然生态系统的工业生态系统。循环经济从国民经济的高度和广度将环境保护引入经济运行机制。发展循环经济和生态工业体系，主要包括企业层次的清洁生产、企业集聚层次的共生链以及废物的资源化再生回收三个层面，最终形成"自然资源—产品—再生资源"的整体社会循环，完成循环经济的物质闭环运动。生态工业园区的目标是将园区内一个工厂或企业产生的副产品用作另一个工厂的投入或原材料，通过废物交换、循环利用、清洁生产等手段，最终实现园区的污染零排放。

产业中循环、区域大循环"的北仑模式（见图4-5）。按照实现废弃物"减量化、无害化、资源化"的原则，开发区大力推进重点能耗企业清洁生产，努力实现资源在企业内部的循环利用，构建内部纵向闭合的企业小循环；围绕能源、石化、钢铁等支柱产业，着眼于提高上下游企业的关联度，逐步完善全区的产业链、产品链和废物链，形成多产品、多链条的循环工业网状结构，推进纵横向耦合的产业中循环；注重区域联动，形成开放式的区域大循环，重点构建水循环网、热力循环网、垃圾处理网和公用辅助共享网。

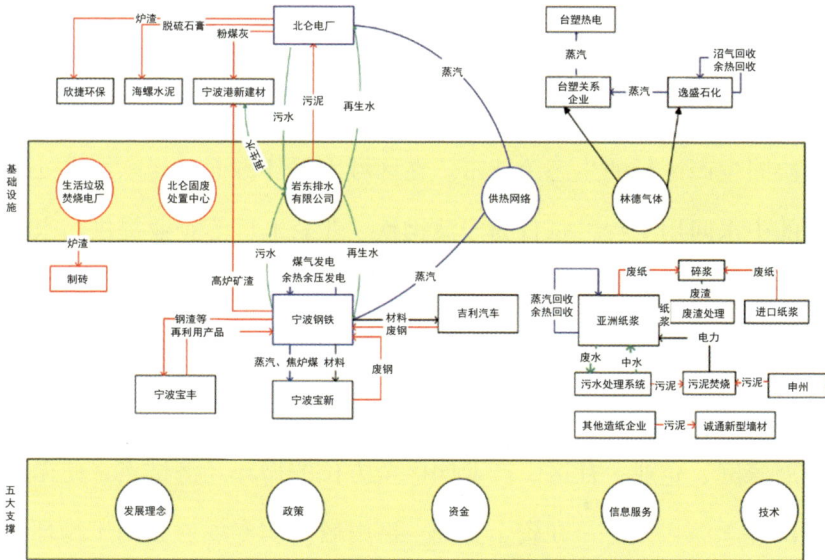

图 4-5　NETD 的循环经济体系示意图

资料来源：北仑区环保局

以钢铁产业的循环经济为例。在企业小循环方面，NETD 通过实施重点能耗企业节能改造工程，降低重点能耗企业的能耗水平，如改造后的宝新不锈钢公司吨钢综合能耗仅为全国平均水平的 40% 左右。在产业中循环方面，完善基地内钢铁产业链，重点向不锈钢下游加工业、钢铁副产品加工业延伸，依托产业和市场优势建立钢铁交易平台。积极推进废钢铁的回收和利用，重点构建铁矿石、废钢冶炼→普通钢板→特种钢材→金属制品→废钢回收循环产业链，水渣、钢渣→水泥循环产业链，氧化铁皮回收利用产业链。大力回收利用各种非钢废弃资源，推动宁波钢铁向周边企业和社会供热供气，实现能源梯级利用。通过钢铁产业链的延伸和耦合，实现废弃物综合利用，构筑钢铁与汽车、修造船、能源、石化、建材等产业间协同生产运行的生态工业带。在区域大循环方面，岩东污水处理厂的中水回用工程，每日为宁波钢铁、北仑电厂等企业提供污水处理服务，并提供上万吨的再生工业水源。

NETD 发展循环经济注重理念、资金、政策、信息服务、技术等多方面的支撑：在理念方面，将可持续发展作为经济发展目标，开展家庭、企业、社区、产业园区全方位的循环经济试点，使循环经济理念深入人心；在资金方面，区财政落实专项资金用于循环经济、节能减排的示范工程建设，并且资金额度按比例逐年提高；在政策方面，研究出台"一揽子"专项政策，引导循环经济有序发展，确保高能耗、污染项目在源头得以控制；在技术方面，与浙江大学开展节能降耗、发展循环经济全面合作，率先在钢铁、能源、石化、造纸、水泥五大行业开展能效对标工作。

创新驱动转型升级

NETD 将创新作为发展的新驱动力。一方面，重视技术创新（见专栏 4-3）。开发区以强链、补链、建链为目标，深入实施产业链招商、精准化招商，加快培育新经济，大力推进智造产业重点领域突破发展，重点打造注塑机、智能装备两个国家级高新技术产业化基地。强化优势企业培育，深入实施"龙腾"工程和"鸿鹄"计划[①]，支持优势企业加大自主技术研发和品牌建设，发展高端制造技术服务。以推广"互联网+"拓展应用为导向，加快推进信息化和工业化深度融合及跨界协同创新，用智能装备和先进技术改造传统工艺设备，推动传统优势制造业生产方式向智能化、柔性化、专业化、高端化演进，促进设备和技术更新换代，产品和业态迭代更新。突出战略性新兴产业在未来产业发展中的主导地位，瞄准科技发展前沿和国家重大创新战略，聚焦智能制造、新能源汽车、新装备、生命健康、新材料、物联网等重点领域，着重引进一批具有龙头引领作用的重点企业，带动相关新兴产业集群发展。

---

① "龙腾"工程计划旨在鼓励和支持大企业大集团做大做优做强，更好地发挥其产业支撑和引领示范作用。"鸿鹄"计划旨在扶持区内小微企业加快发展，培育一批成长性好、竞争力强、技术优势明显、具有较强自主创新能力和发展潜力的高成长型企业。

专栏 4-3

开发区的技术引进与创新

引进先进技术是兴办开发区的目的之一。然而，招商引资引进的往往是常规性、应用性技术。企业通过消化和吸收这些技术，可以形成生产零部件的能力。但是，这种产业进步是有限的，因为企业没有掌握先进的核心技术，没有形成产品开发的能力，没有获得国际产业分工中的高附加值环节。零部件生产和产品开发是不同性质的活动，需要不同的能力：前者以生产为主，主要是既定产品设计条件下的制造能力；后者以研发为主，主要是集成多种技术设计出新产品的能力。

众多研究和实践经验表明，先进的核心技术包含大量默会知识，而且存在于组织过程中。自主开发是学习外国先进核心技术的有效途径，也能够避免国外的控制。自主开发和引进技术并不矛盾，但不重视自主开发就无法形成自己的知识产权与核心竞争力。

因此，开发区在引进技术时，应该做到有规划、有重点、有步骤。在发展到一定阶段后，要注重加强创新体系建设，提升企业的自主创新能力，不断提高在全球产业分工中的地位。

资料来源：路风、封凯栋：《为什么自主开发是学习外国技术的最佳途径？——以日韩两国汽车工业发展经验为例》，《中国软科学》2004年第4期。

在创新驱动战略的引领下，NETD 内的企业积极响应，吉利汽车就是其中的一个典型案例。吉利汽车在北仑春晓建设并投产了智能化的整车制造工厂，从工厂建设理念、产品开发、供应商选择、人员培训完全对标汽车行业先进管理经验，实现公司的数字化、智能化和信息化发展（见图 4-6）。吉利通过正向开发、大数据混合仿真、预验证等方式缩短研发周期，通过智能制造技术实现产品零缺陷设计与生产，通过柔性化制造平台与统一信息平台的互联互通实现敏捷制造、准时交付，大量运用云服务技术，通过"互联网+"，打造"互联网+"特性的个性化定制平台，实现以客户需求为导向的产品研产模式，建立整车大规模定制化的基础平台。

图 4-6　吉利汽车的智能制造车间

资料来源：吉利集团

另一方面，加强体制机制创新。首先，推进"国家引智示范区"建设。开发区坚持以市场为导向，以企业为主体，推进人才智力与产业对接，通过产业延伸、高端引领、消化提升、项目合作等多种模式，打造"外国专家＋引智项目＋研发平台"的系统化政策支持体系，吸引外国专家和高端人才扎根、服务北仑。其次，创新市场采购贸易模式。开发区推行"划区监管、口岸申报、组货查验、产地追溯"模式，打造"一站式"通关平台，将原先"多地、多次、多批"分散的申报和监管环节，合并到口岸组货地一次通关，集约监管并嵌套在物流环节中。开发区引入市场化机制，设立对非采购商品配送中心，依托贝宁中国经济贸易发展中心，为对非贸易企业提供包括仓储、海运、清关以及货权抵押融资等"一站式"供应链服务（见图4-7）。再次，培育跨境电商新业态。开发区错位打造以 B2C 业务模式为主的北仑跨境电商园区、以 B2B 业务模式为主的开发区跨境电商园区、梅山跨境孵化园区，建立全市首个跨境电子商务综合服务平台"天易通"，形成"互联网＋关检＋物流＋信保＋融资"跨境出口综合服务模式，为中小微出口企业提供"一站式"出口流程服务。

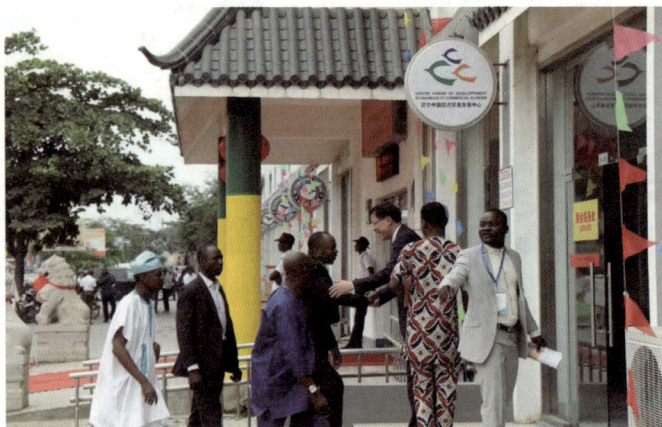

图 4-7　贝宁中国经济贸易发展中心

资料来源：NETD 管委会

党建引领基层治理

随着开发区的扩张，统筹经济发展和社会管理的难度不断增加。NETD 充分发挥党建引领的作用，使其服务于开发区的基层治理，促进开发区经济和社会协调发展（见故事4–2）。开发区成立全国第一个工业社区——大港社区（内辖370多家企业和9万多名职工），建立以区域性党组织为领导核心、公共服务中心为依托、协商议事组织为基础的"三位一体"的基层组织体系，并在各街道（乡镇）逐步推广。在这个体系中，区域性党委是区域性服务的指挥中枢，下属党组织采取"1＋N"[①]的组织构架，形成完整的组织链。

NETD 通过强化党建引领作用，充分发挥其在市场经济中整合社会和协调利益等功能，将开发区的管理和服务相结合。首先，党组织帮助企业及时解决发展中的困境。例如2012年，开发区内不少企业的产品库存积压严重，大港社区党委牵头建立了"大港伴手厅"展销平台，帮助企业推销产品。其次，党组织帮助政府落实相关政策。例如2016年，大港社区的党委牵头成立"创意工夫"工作室，由539名党员向园区10万名职工发出"创意改善、万众创新"集结号，鼓励职工立足本职岗位自主改善，共同锻造工匠精神，促进广大职工开展万众创新。再次，党组织协助做好利益分配和社会整合。开发区抓好党群共建，培育社会组织，建立党、群、社各类组织协

---

① "1"为区域综合党总支，专门负责未建党组织企业零散党员的教育管理，"N"为单建企业党组织，实现基层党组织对园区空间和工作领域的双覆盖。

商议事制度，建立区域重大事务党委提议和首议制、圆桌会议讨论制、党员分配联系等协商议事制度，形成以党组织为核心、全社会共同参与的社会服务和治理体系。

故事 4-2

怡人玩具公司的党建工作

在开发区开展党建并非易事，需要获得外资企业的充分信任和支持。NETD 通过宣传、解释、疏通和引导，切实发挥党组织对企业发展的促进作用，逐步赢得企业的认可。怡人玩具公司的党建工作过程就是一个典型的例子。

怡人玩具于 1995 年落户 NETD，由德国商人彼得·汉斯丹投资，是目前世界上规模最大的木制玩具生产商。2002 年，NETD 计划在怡人公司成立党支部，但是遭到了彼得的拒绝。彼得害怕党支部抢班夺权，担心党员活动影响企业的正常生产。他还认为当时企业内部已经有工会，没有必要再建立党支部。然而，开发区的党员干部锲而不舍，通过深入细致的工作增信释疑，怡人公司里的党员默默地以实际行动服务企业。

2005 年，NETD 为开展和推广保持共产党员先进性教育活动，再次登门怡人公司。区委组织部的干部向彼得介绍，这是中国共产党为保持先进性、实现自我完善，主动开展的教育活动，并指出怡人公司里的不少共产党员在生产中发挥了先锋模范作用。彼得此时才发现，他公司里重要的管理、销售和技术骨干不少都是共产党员。他们工作认真、业绩出众，经常为企业出谋划策，在抗台抢险等紧急关头不顾个人安危，维护企业利益。共产党员的形象就是党的形象，彼得顿时消除了对党组织的误解，同意在怡人公司内部建立党支部。

此后，他主动地了解中国共产党，甚至想要效仿白求恩入党。虽然由于国籍问题，他最终没有能够如愿，但是他仍然积极主动支持党支部的工作，并向其他外企积极宣传党组织的作用。正是广大党员和党组织的积极有为，才让党建工作在开发区获得了地位，党建引领基层治理的方式得以顺利推广。

资料来源：作者访谈

产城一体人民幸福

NETD 把产城一体化作为发展的方向，将人民幸福作为发展的根本。开发区以"全域城市化"工程为载体，以"一区三城（见图4-8）、八大重点区块、十大支撑系统、百个重点项目、千亿建设投资"[①]为抓手，坚持高起点规划、高标准建设、高效能管理，推进全

---

① "一区三城"指中央生态休闲区、中心城区、滨江新城、滨海新城。"八大重点区块"指核心商务区、九峰休闲区、老城提升区、春晓新城区、梅山新城区、大青墩片区、江南转型区、滨江拓展区；"十大支撑系统"指城市规划系统、城市绿网系统、清水河道系统、环保提升系统、道路交通系统、公共服务系统、城市智慧系统、城市管理和应急系统、社会治安系统、政策保障系统。

域融合发展。全域城市化强调在一个区域内，城市规划全域统筹、城市项目全域布局、城市设施全域完善、城市功能全域优化、公共服务全域均衡。推进全域城市化并不是要消灭农村，全部都建成城市，而是通过加快城市化进程，推进城市基础设施向农村延伸，城市公共服务向农村覆盖，城市文明风尚向农村辐射，不断提升城乡统筹水平，实现城市从单中心向多中心转型，最终建成城乡一体、产业发达、社会繁荣、环境优美、居民幸福的现代化城区。

图4-8 NETD "一区三城"示意图

资料来源：北仑区规划局

整治和保护生态环境是NETD推进产城一体化的重要工作。开发区全面开展废气、尾气、扬尘等各类大气污染源的综合整治，深化"五水共治"①，加强土壤重金属等有害物质的监测和治理。加强环

---

① "五水共治"是指治污水、防洪水、排涝水、保供水、抓节水。它是一举多得的举措，既扩投资，又促转型；既优环境，更惠民生。

境监管执法，建设环保数据中心，健全生态环保执法监管机制、生态安全监控体系、生态环境公众监督机制，提高生态环境突发事件的应急处置能力。大力培育先进生态文化，强化政府生态政绩观、企业生态效益观和公众生态责任意识。深化生态制度创新，推进生态环保管理体制改革，实行最严格的生态环境准入和监管制度，探索区域绿色发展报告制度、生态责任追究制度、碳排放权交易制度等生态建设制度的改革创新。

NETD 深入推进民生满意工程，"最多跑一次"改革是其"以人民为中心"发展思想的集中体现。"最多跑一次"是指通过"一窗受理、集成服务、一次办结"的服务模式创新，让企业和群众到政府办事实现"最多跑一次"的行政目标，它在流程优化、信息共享、力量整合等方面超越传统体制，从理念、制度到工作作风开展全方位改革。以企业投资项目的服务改革为例。NETD 通过"一窗受理、阶段联审、分类办理、个性处理"，优化审批流程，实行"规范管理、网上服务、部门绑定、信用评价"，规范中介服务市场，强化"预先介入、全程代办、会商会审、星级服务"，提升项目服务水平。

开发成绩综合全面

2017 年，NETD 的 GDP 达到 1016.96 亿元，占宁波市 GDP 比重的 10.3%，财政总收入 294.1 亿元，占全市的 12.2%。规上工业总产值达到 2846.2 亿元，轻重工业比为 1:4.40，其中临港产业产值比重达 64.7%，战略性新兴产业、装备制造业和高新技术产业比重分别达 26.7%、42.7% 和 56.7%。产值超亿元企业 223 家，超十亿元企业 41 家，超百亿元企业 6 家。全社会研发投入占 GDP 比重达到 2.85%，规上工业科技活动经费支出 46.2 亿元，新产品产值率达 31.1%。外贸进出口总额为 226.56 亿美元，对前三大贸易国家 / 地区——美国、欧盟、东盟出口比重合计达 56.8%，对"一带一路"沿线国家出口比重保持在 25.4% 左右。合同利用外资和实际利用外资总量均占全市首位，分别占全市的 22.7% 和 25.4%。居民人均年收入提高到 50755 元，比宁波市平均水平高出 2522 元。空气质量优良率为 89.1%。全区森林覆盖率达到 45.1%，区人均公园绿地面积达到 14.8 平方米，绿地率为 36.4%，绿化覆盖率为 39.9%。NETD 获得首批"省级生态文明建设示范区"称号，第三次获得全省治水最高荣誉——"大禹鼎"奖，开发区所在的宁波市第八次荣获"中国最具幸福感城市"称号。

经验启示篇

基于对 NETD 发展历程的分析，本书认为其成功离不开思想理念、治理能力、产业升级、改革创新、实干兴邦和造福人民等要素。这六大要素是一个有机整体，即思想理念是先导、治理能力是保障、产业升级是核心、改革创新是动力、实干兴邦是途径、造福人民是根本。它们是中国开发区建设的重要经验，可以为其他发展中国家园区建设提供有益经验和启示。

一 思想理念是先导

思想是行动的引领，理念是实践的指南。中国在建设开发区的过程中，践行了实事求是求真务实、解放思想与时俱进的思想理念。

实事求是求真务实

建设开发区要立足本国和本地区实际，认清发展本质，遵循客观规律。要在抓住规律的基础上不断实践，在实践中不断修正、深化和发展认识，从而更好地指导实践。

中国兴办开发区没有照搬照抄、生搬硬套他国的做法，在研究西方国家出口加工区发展经验的基础上，将实践作为检验真理的唯一标准。中国通过渐进式的改革开放，选取个别重点城市开展试点，鼓励地方探索符合自身实际的发展对策。在开发区的发展过程中，面对资金短缺的现实，建设者们先集中力量开发部分土地，待条件成熟后再开发其他部分，摸索出了滚动开发的发展规律。在招商引资工作中，建设者们意识到发展产业不能好高骛远，在早期引进一些虽然技术水平不太高，但经济效益较好的项目，是促进开发区繁荣的务实之举。随着改革开放的全面深入推进，建设者们认识到特殊的优惠政策不是吸引投资的万灵药，充分发挥市场机制作用，不断完善硬件设施和营商环境，才能真正塑造开发区的优势。鉴于土地局限和资源束缚，建设者们认识到开发区不能盲目扩张粗放经营，而是要精耕细作集约发展，不断提高资源使用效率和产出效益，实现从量的扩展到质的提高。在长期实践中，建设者们认识到开发区的发展不仅要促进工业化，而且要带动城镇化，要做到产、城、人的全面协调发展。

解放思想与时俱进

建设开发区要不断打破习惯思维和主观偏见，积极研究新情况、解决新问题。要准确把握时代发展趋势，做到观念和行动与时代共同进步。

20世纪70年代末，中国根据国际政治经济形势的变化，判定和平与发展已经成为当今世界主流，重新将经济建设作为工作中心。中国主动打破意识形态的思想桎梏，大胆学习西方的先进经验，并使之服务于本国发展。不少地方政府洞察敏锐、敢为人先，积极响应中央号召，抢抓时机，顺势而上，把握住发展的时代机遇。在开发区的发展过程中，建设者们大胆改革、先试先行，在行政体制、人才招聘、土地管理等多方面克服重重障碍，探索并开创了符合新形势的体制机制。建设者们打破传统思想的偏见，对国有企业、私营企业和外资企业一视同仁，为广大企业提供"一站式"、全方位、保姆式服务，使管理和服务有效结合，帮助企业不断转型升级、提高竞争力。建设者们还跳出"唯 GDP 论英雄"和"工业园发展必然带来环境污染"的习惯思维，发展循环经济和生态工业园，促进产业和生态的和谐发展。此外，中国准确把握全球化发展的大势，以更加开放的心态开展对外交流，促进国内外资源互补和产业合作，推动国内园区和海外园区的共同繁荣。

二 治理能力是保障

发展离不开良好的治理。中国在建设开发区的过程中，充分发挥了统领全局高效执行、协调兼顾灵活适应的治理能力。

统领全局高效执行

建设开发区要有坚强的领导力，能够有效地动员、组织、统筹和引领各个方面和各个层面。要有战略决策力，并以体制机制为抓手，将政策层层推进、逐级落实。

中国共产党是中国特色社会主义事业的领导核心，能够审时度势、立足全局，制定大政方针，及时为国家发展指明方向。改革开放是中国共产党作出的重大战略决策，兴办经济技术开发区正是落实这一战略的重大举措。在开发区的发展过程中，建设者们在中国共产党的全面领导下开展相关工作。根据中国共产党的立法建议，建设者们出台和完善了《中外合资经营法》《外企企业法》《开发区条例》等一系列法律法规，为开发区发展提供了强有力的法律保障。建设者们重视组织工作，健全从中央到基层的党组织体系，由党组织推荐和管理干部，与人民群众保持紧密联系，促进政令畅通和上下互动，广纳英才，广开言路，动员和组织全社会共同参与开发。建设者们善于思想引领，注重长期性的精神文明宣传教育，开展经常性的反腐倡廉工作，发挥优秀党员和典型人物的先锋模范带头作用，警示教育领导干部防微杜渐、抵制腐败，帮助广大党员和人民群众坚定理想信念、树立发展信心，激发社会各界团结奋进、自觉投身开发建设。

协调兼顾灵活适应

建设开发区要协调好不同利益相关者间的关系，兼顾多方利益的平衡。要保持一定的体制灵活度，以适应不同地方、不同阶段的发展需要。

在开发区的发展过程中，涉及中央和地方、外来者和本土者、开发商和土地所有者、企业主和职工等多重关系，中国高度关注不同利益主体间的良性互动，及时建立多方对话平台和协调沟通机制。如在 NETD 的案例中，中央和地方领导多次召开现场办公会，适时为开发区解决实际问题。国务院还专门成立宁波经济开发协调小组，发挥机制性的沟通协调作用。面对复杂局面、未知环境和利益冲突，建设者们主动研究新情况，积极学习新知识，大胆进行探索试验，逐步调整制度和政策以适应新的发展要求。在一段时期内，中央给予地方一定的试错空间，允许发展方式的多样性，通过比较不同方式的发展结果，最终找出令人满意的解决方案。这些方案起初未必一定是最佳方案，但建设者们能够在实践中不断优化方案。这样的治理过程既保证了中央的全局指挥，又兼顾了地方的差异性，做到统一性和灵活性相协调。

三　产业升级是核心

实体经济是国民经济的基础，产业升级是提高竞争力的关键。中国在建设开发区的过程中，因地制宜招商引资，因势利导转型提升，不断推动产业升级和地区发展。

因地制宜招商引资

建设开发区要依托当地的资源禀赋，有针对性地吸引投资，发展地方特色产业。要根据地区不同时期的实际情况，以多种方式招引投资企业。

中国在兴办开发区时，优先选择资源禀赋好、发展潜力大的地方，最大限度地发挥当地优势培育产业。如在 NETD 的案例中，建设者们充分利用宁波的地理区位、北仑港的深水良港和宁波帮的人文优势，大力发展临港产业和港口经济。在筑巢引凤阶段，建设者们利用宁波帮强大的关系网络，发挥甬港联谊会和宁兴公司等平台的作用，培育内引外联项目，促成了地区早期的工业积累。在实业立区阶段，建设者们致力于发展船舶、石化、汽车、电力、钢铁等重工业，瞄准全球跨国企业和国内有实力企业，引进三星重工业造船、吉利汽车、台塑石化等重大项目，为开发区奠定了坚实的产业基础。建设者们按照区域内部的不同特点，划片开发四个工业小区，差异化地培育和引进特色项目，形成了开发区较为合理的产业布局。在产城融合阶段，建设者们进行精准化招商，大力引进技术研发平台，对关键产业进行强链、补链和建链，强化产业的集群效应。

因势利导转型提升

建设开发区要根据发展趋势，适时引导产业转型升级，提高产品附加值，增强产业竞争力。

尽管经济技术开发区致力于发展高新技术产业，但是产业发展不能一蹴而就，高新技术产业的形成需要一定的条件。在发展初期，中国开发区引进的往往是劳动密集型和常规技术密集型产业，产品附加值和技术含量并不高。通过发展这些产业，开发区内的配套设施和产业链条逐渐完善，产业工人队伍逐渐壮大，技术知识、制造经验和管理方式不断传播，为更高层次的产业发展提供了良好条件。建设者们在充分发挥市场作用的基础上，适时调整发展方针、适当推行产业政策，引导发展先进制造业和现代服务业，加速企业优胜劣汰，促进产业结构优化。产业发展水平的高低不是简单地由行业属性决定，产业升级也并非仅指发展新兴产业。不论是传统产业还是新兴产业，都可以形成强大的竞争力。建设者们关键是要创造适宜的产业发展条件、营造良好的企业营商环境，助力区内企业不断提高技术研发水平，增强创造高附加值的能力，提升在全球市场竞争中的地位。

四　改革创新是动力

改革是推动发展的手段，创新是引领发展的第一动力。中国在建设开发区的过程中，通过量体裁衣突破瓶颈、以点带面循序渐进的改革创新，为发展提供不竭动力。

量体裁衣突破瓶颈

建设开发区要考虑地方的特殊情况，找准限制发展的关键因素，改革创新体制机制，集中力量破解瓶颈问题。

在开发区的发展过程中，建设者们根据本地的发展现状，明确每一时期的主要任务，有针对性地开展改革创新，优先解决难点问题。如在 NETD 的案例中，筑巢引凤阶段的主要任务是筹集资金、汇集人才、调动各方积极性启动开发。建设者们通过采取联合股权开发模式、管委会体制、社会公开招考、企业承包经营等一系列改革措施，突破体制僵化、资金贫乏、人才短缺、激励不足等难点问题。实业立区阶段的主要任务是招商引资、发展实业。建设者们通过土地划片开发、两次终结办事制、开通项目绿色通道等创新改革，解决硬件设施提升和营商环境优化等问题。产城融合阶段的主要任务是推动发展方式的集约化和经济社会环境的协调发展。建设者们通过区政统筹模式、市场化配置资源要素、市场采购贸易模式、发展循环经济、制度化海外引智、推进互联网与制造业融合、"最多跑一次"改革等创新，帮助解决行政管理矛盾、发展资源不足、生态环境整治、产业转型升级等问题。

以点带面循序渐进

建设开发区可以采取渐进式改革，首先抓住重点开展试点，待改革创新成功后，再按照一定的顺序在更大范围内推广。

中国在兴办开发区之初，并没有现成的改革方案，而是通过试点的实践探索，逐渐形成可以推广的具体办法。在开发区的发展过程中，建设者们抓住重点地区、重点领域和重点对象，首先开展小范围的改革试点，为全局性改革积累经验，为系统化改革奠定基础。建设者们优先选择在宁波设立开发区，是因为宁波具有较强的典型性、战略性和辐射性。宁波改革试点的成功，不仅可以为众多港口城市提供借鉴，而且可以辐射带动广大长三角地区的发展。建设者们优先从管理体制、激励机制等最迫切的问题入手改革，在解决这些痛点问题的同时，对更宽领域的相关制度做出调整，从而使得改革由点到面有序扩展。建设者们首先将实力雄厚、影响广泛、支持改革的群体作为重点合作对象，通过发挥这些关键支点的示范作用，增强改革创新产生的正能量，促使改革创新不断向纵深发展。

五　实干兴邦是途径

实干是实现国家兴旺的唯一路径。中国在建设开发区的过程中，通过深谋远虑脚踏实地、自主开放合作共赢，走出了实干兴邦之路。

深谋远虑脚踏实地

建设开发区需要计划周密和考虑长远，一旦认准了发展方向，就要踏踏实实地去干，不要停留于空谈。

中国能够以长远眼光和全局意识考虑地方的发展问题，制定全国和各地区的中长期发展战略，建立国家、省、市、县各级规划体系，对关键节点地区给予长期关注和重点支持。在开发区的发展过程中，建设者们根据战略规划找准发展定位，依据地方实际进行具体部署，做到宏观与微观相结合，战略与战术相统一。建设者们除了重视引进先进技术和研制高档产品，还前瞻性地考虑到了发展中外合作科研机构和国际转口贸易基地的可能性，为开发区更高层次的发展和融合奠定基础。建设者们以适当超前的原则兴建基础设施，为地区后续的发展壮大留出余地。建设者们着眼未来，及时发展循环经济和生态工业园，保障子孙后代的生活环境和发展资源。建设者们对开发区的发展充满信心和憧憬，通过兢兢业业、踏踏实实的工作把愿景变成现实。中国开发区的成功是一大批抱负远大、富有智慧、敢于担当的实干家在各自岗位上不懈奋斗的结果。

自主开放合作共赢

建设开发区既要掌握自身的发展主动权，也要有开放心态和合作意识，要汇集多方力量一起开发，共担风险、共享收益，实现互利共赢。

在开发区的发展过程中，中国采取由点到线再到面的逐步开放策略，自主把握改革开放的节奏。建设者们一方面以优惠政策吸引外商投资，以法律法规保障外商合理权益，另一方面在项目谈判和管理实际中做到有礼、有理、有利、有节，不委曲求全损害本国权益。建设者们欢迎一切积极力量参与合作，以开放心态利用好国内和国外的资源、智慧和力量。如在 NETD 的案例中，建设者们充分利用国家的财政资金和政策红利，努力争取浙江省的行政支持和资源分配，统筹协调宁波市、北仑区和开发区的权责利关系，主动携手中国五矿和机械总公司开展股权联合开发，积极引入多家开发公司划片开发土地，千方百计吸引外来资本和本土资金，充分调动海内外宁波帮的力量，支持鼓励产学研合作，广泛吸纳当地失地农民、外来务工人员等各界群众。相关利益方在平等协商的基础上共同参与开发区建设，共同分享发展成果。

六　造福人民是根本

人民群众是国家的根基，增进民众福祉是发展的根本目的。中国开发区通过"三生"融合持续发展、不忘初心行稳致远，不断增进最广大人民的利益和幸福。

"三生"融合持续发展

建设开发区需要做到生产、生活、生态的"三生"有机融合，努力实现可持续发展。

中国高度重视"三生"之间的互动关系，努力处理好发展的优先顺序，坚持探索既满足当代需求，又不损害子孙后代需要的可持续发展方式。在开发区的发展过程中，建设者们在规划设计中科学安排生产区、生活区、绿化区和排污区的布局，即使资金短缺也坚守生态红线，认真做好污染的预防和处理工作。在投入—产出实现良性循环、资金相对充裕的情况下，建设者们以高标准建设基础设施，不断完善公共服务配套，既满足企业经济活动的需要，又兼顾职工和居民日常生活的需求，从而吸引企业欣然进驻安心置业，方便职工、居民融入当地、安居乐业，真正做到招商、亲商、安商，实现生产和生活相互促进。中国经验表明，发展生产力是促进人民致富的重要途径，也能为改善生态环境提供物质保障。开发区发展不能因噎废食，不能因为担心可能发生环境污染就限制生产。但也不可否认，一些开发区由于生产推进速度快，且人们认知存在一定的局限性，在生活和生态方面的发展滞后于生产的进步，后续不得不采取产城融合和生态化改造等措施，以解决"三生"失衡带来的问题。这些教训提醒人们，生产、生活和生态三大目标不可长期偏废，只有经济增长、生活改善、环境和谐相互协调，才能真正实现可持续发展。

不忘初心行稳致远

建设开发区的初心是加速现代化建设以增进人民福祉。只有不忘初心，坚持为最广大的人民谋福利，才能实现持续稳定的进步。

中国兴办开发区带动了各个方面的利益增长，提升了各阶层人民的获得感和幸福感。在开发区的发展过程中，建设者们在征用土地时，充分听取失地农民的诉求，提供就业培训和工作岗位，保障他们的正当合法权益，从而使得土地开发顺利推进，社会秩序保持稳定。建设者们尤其重视打造亲商爱商的环境，吸引和发展了众多优秀的企业。这些企业的发展，不仅培育了一批杰出的企业家，而且壮大了技术工人队伍，解决了大量农民工的就业问题，让广大职工和企业家共享产业发展的红利。建设者们关注人民日益增长的美好生活需要，加强城乡统筹发展，加快公共设施建设，整治生产生态环境，提高为人民服务水平，从而让人民的需求不断得到满足，福祉不断得到提升。建设者们来自人民，他们最大的收益不是个人财富的增长，而是充分施展了自身才华，开创了开发开放的伟大事业，赢得了党和国家的肯定以及人民的拥护，收获了个人极大的成就感。这些切实的获得感、成就感和幸福感，让最广大的人民紧密团结在一起，继续不忘初心，把开发区事业不断推向前进，为实现中华民族伟大复兴的中国梦而努力奋斗。

结　语

本书详细阐述了改革开放以来 NETD 的发展之路。NETD 具有显著的地理区位优势，是中国改革开放的前哨先锋，其发展成就在众多开发区中名列前茅，对后发地区的建设起到了积极的示范作用。建区至今，NETD 的经济总量迅速壮大，财政收入稳步增加，产业实力逐渐增强，对外经济显著增长，科技创新不断推进，绿色发展持续推动，人民生活日益改善，取得了卓著的发展成就。

NETD 的发展经历了缘起大港、筑巢引凤、实业立区、产城融合四个阶段。在缘起大港阶段（1978—1984），中国改革开放的战略决策，为兴办开发区创造了重要机遇。宁波作为古港重镇，再次焕发生机。面对重大的发展机遇，浙江省和宁波市各级领导干部抢抓时机顺势而上，使宁波在众多沿海开放城市中脱颖而出，成功申办国家第一批开发区。

在筑巢引凤阶段（1984—1992），开发区域初具雏形。中央政府和地方政府通过特殊的优惠政策，为开发区塑造发展优势。NETD在制定总体规划后，广大干部和群众团结奋斗，立即推进分区建设。开发区通过多种体制试验和改革创新，突破发展的种种瓶颈。NETD开创了联合股权开发的办法，尤其重视开发过程中与各级政府和当地农民的利益协调，实现了开发区、各级政府、投资企业和当地农民等多方的共建共享、合作共赢。开发区通过多管齐下，务实地引进了一批优质项目，促进了地区的工业积累和早期繁荣。

在实业立区阶段（1992—2002），开发区的发展成效日益凸显。中国扩大开放拓展局面，NETD也适时扩区。在政策优势弱化的情况下，开发区主动进行"二次创业"，再造自身优势。开发区不断优化投资环境，建设完善硬件设施，打造亲商爱商软环境。经过千方百计地招商引资，一大批临港产业在开发区落地生根。开发区还不断强化党建工作，使其服务于开发开放。

在产城融合阶段（2002—至今），开发区的发展成绩综合全面。中国融入世界进行全面开放，NETD实行两区融合统筹协调发展资源。开发区精耕细作，推进产业集群发展和土地集约利用。开发区通过创新驱动产业转型升级，发展循环经济促进可持续发展。开发区以党建引领开发区治理，持续提升服务水平，向产城一体、人民幸福的目标不断迈进。

基于NETD的发展历程，本书认为中国开发区的发展具有六点经验启示：思想理念是先导，需要做到实事求是求真务实、解放思想与时俱进；治理能力是保障，需要做到统领全局高效执行、协调兼顾灵活适应；产业升级是核心，需要做到因地制宜招商引资、因势利导转型提升；改革创新是动力，需要做到量体裁衣突破瓶颈、以点带面循序渐进；实干兴邦是途径，需要做到深谋远虑脚踏实地、自主开放合作共赢；造福人民是根本，需要做到"三生"融合持续发展、不忘初心行稳致远。这些经验启示可以为其他发展中国家和地区的园区建设提供一定的借鉴。

改革开放四十年，中国将本国发展与世界发展相联系，将对内改革与对外开放相统一，通过勇（"甬"）立潮头、砥砺奋进的探索，成功走出了一条既适合本国国情，又符合时代要求的发展道路。中国经验不仅为世界贡献了发展智慧和方案，也为各国带来了发展新机遇。时代在前进，环境在变化，发展仍然是世界各国面临的共同问题，同时也是解决问题的关键。在对外全面开放的新时代，中国将进一步深化改革、扩大开放，加强与世界各国，尤其是"一带一路"沿线国家的交流合作，不断总结和分享发展经验，并使之更好地指导发展实践。中国将和世界各国一道，共商规则，共建机制，共迎挑战，在良性互动、互利共赢中开拓前进，努力打造人类命运共同体，将人类发展事业推向更高境界。

附　录

　　附录一为主要调研访谈名单，记录我们走访的国内外政府机构、国际组织、企业和社区等访谈对象以及访谈内容。

　　附录二为开发者语录，摘录自党和国家领导人的重要著作，以及对开发区干部、企业家和社区居民的访谈，希望对其他发展中国家和地区兴办开发区、了解中国智慧和中国方案有所启发。

　　附录三为开发区考核评价指标体系，包括中国国家级、浙江省级和宁波市级三级开发区考核评价指标体系，以期对其他国家和地区进一步推进开发区建设有所裨益。

附录一　主要调研访谈名单

（一）国内名单

政府部门		
时　间	对　象	内　容
2018/2/7	北仑区发展和改革局 发展计划科科长	开发区产业发展
2018/2/8	北仑区公共项目建设管理中心 党委书记	开发区早期建设
2018/2/9	北仑区统计局工作人员	开发区统计数据
2018/2/12	NETD 管委会原巡视员	开发区发展经验
2018/2/27	北仑区新兴产业和服务业发展局 （经信局）副局长	开发区循环经济
2018/3/5	北仑区委政策研究室工作人员	开发区法规条例
2018/3/6	北仑区投资合作局（招商局）局长	开发区招商引资
2018/3/7	NETD 管委会副主任	开发区招商、外贸
2018/3/9	北仑区人大常委会办公室主任	开发区纪实报道
2018/3/19	北仑区环境保护局副局长	生态工业园
2018/3/21	北仑区商务局局长	开发区商务、外贸
2018/3/27	宁波市人民政府原副市长	开发区发展历史
2018/3/28	北仑区直机关党工委原书记	开发区早期党建
2018/3/29	NETD 管委会原主任	开发区发展历史
2018/3/29	NETD 工商行政管理分局原局长	开发区招商引资
2018/4/2	北仑区文化广电新闻出版局局长	开发区发展规划

续表

政府部门		
时　间	对　象	内　容
2018/4/2	北仑区霞浦街道办事处主任	开发区区域化党建
2018/4/3	北仑区委组织部组织科科长	开发区区域化党建
2018/4/3	北仑区科技局副局长	开发区海外工程师
2018/4/4	北仑区人民政府区长	开发区发展经验
2018/4/9	管委会商品经营基地办公室原主任	开发区早期建设
2018/4/10	NETD 管委会原巡视员	股权开发、招商引资
2018/4/19	政协宁波市北仑区委员会副主席	开发区招商引资
2018/4/19	北仑区委组织部副部长	开发区区域化党建
2018/4/19	北仑区委政研室副主任	开发区政策研究
2018/4/20	宁波市规划局北仑分局行政审批科副科长	开发区发展规划
2018/4/21	宁波开发区现代国际物流园区管委会常务副主任	开发区外贸与物流
2018/4/24	NETD 管委会常务副主任	开发区未来展望
2018/1—2018/4	NETD 管委办综合二科科长	管理体制、日常事务

社　区		
时　间	对　象	内　容
2018/3/28	北仑区灵峰社区主任	开发区模具园区
2018/4/18	北仑区大港社区主任	开发区区域化党建

企 业		
时 间	对 象	内 容
2018/3/6	宁波怡人玩具有限公司创始人及首席执行官	开发区营商经历
2018/3/8	宁波北仑岩东水务有限公司技术人员	开发区循环经济
2018/3/12	宁波宝新不锈钢有限公司副总经理	开发区循环经济
2018/3/13	宁波思特雷斯金属防护材料有限公司总经理	开发区循环经济
2018/3/14	宁波钢铁有限公司能源环保部部长	开发区循环经济
2018/3/25	北仑发电厂	开发区循环经济
2018/3/25	浙江建隆新型墙体材料有限公司	开发区循环经济
2018/3/25	浙江逸盛石化有限公司	开发区循环经济
2018/3/28	宁波旭升汽车技术股份有限公司副总裁	开发区汽配产业
2018/3/29	浙江吉利汽车有限公司公共关系高级经理	开发区营商经历
2018/3/30	三星重工业（宁波）有限公司 经营支援副总经理	开发区营商环境
2018/4/4	申洲国际控股有限公司副总经理	开发区营商经历
2018/4/17	宁波舟山港集团	四、五期码头
2018/4/18	海天集团董事长助理	开发区营商经历

（二）海外名单

国际组织		
时　间	对　象	内　容
2018/6/7	非洲联盟委员会	中非合作和工业园发展

政府部门		
时　间	对　象	内　容
2018/6/4	中国驻埃塞俄比亚大使馆	中埃产能合作
2018/6/7	埃塞俄比亚工业部	埃塞俄比亚工业园发展
2018/6/7	埃塞俄比亚投资委员会	中国对埃塞俄比亚投资
2018/6/7	英国国际发展部驻埃塞俄比亚办公室	中国在非投资
2018/6/9	尼日利亚拉各斯州政府驻莱基自贸区相关部门	莱基自贸区发展
2018/6/11	尼日利亚拉各斯州工商局	莱基自贸区发展
2018/6/11	中国驻拉各斯总领事馆（经济商务室）	中尼产能合作

企　业		
时　间	对　象	内　容
2018/6/5	东方工业园开发公司	东方工业园发展
2018/6/5	力帆汽车公司	对非投资经历
2018/6/5	帝缘陶瓷公司	对非投资经历
2018/6/5	重庆三圣公司	对非投资经历
2018/6/5	开普纺织公司	对非投资经历
2018/6/6	华坚集团	华坚轻工业城发展
2018/6/9	莱基自贸区开发公司	莱基自贸区发展
2018/6/10	玉龙钢厂	对非投资经历
2018/6/10	金梦日用品公司	对非投资经历

附录二　开发者语录

对外开放具有重要意义，任何一个国家要发展，孤立起来，闭关自守是不可能的，不加强国际交往，不引进发达国家的先进经验、先进科学技术和资金，是不可能的。

中国要谋求发展，摆脱贫穷和落后，就必须开放。开放不仅是发展国际间的交往，而且要吸收国际的经验。

——改革开放总设计师　邓小平

（《邓小平文选》第三卷，人民出版社，1993年，第117、266页）

第一是实干，第二是实干，第三还是实干，用实干的成果说服别人，争取支持。我国在新时期实行对外开放，硬是在复杂而艰苦的实践中走出了自己的道路。在这个过程中，关键是要精心研究、分析和解决各种矛盾，及时地认真总结经验教训，每走一步都为下一步的过河奠定一块新的基石。

——对外开放前线指挥官　谷牧

（谷牧：《看似寻常最奇崛　成如容易却艰辛——关于对外开放工作的回顾与思考》，《求是》2009年第14期）

四个现代化是靠我们辛勤劳动干出来的，不是等出来的，更不能袖手旁观，坐享其成。要想搞好宁波的开发建设，让宁波尽快富起来，不承担一定的困难，没有牺牲精神，不准备付出一定的代价，是办不成的。

——原国务院特区办主任、浙江省原省长 葛洪升

（葛洪升 :《有中国特色的沿海城市发展之路》，人民出版社 1997 年，第 11 页）

世界上没有落后的产业，只有落后的产品。招商引资没有不重复的产业，关键看是高水平重复还是低水平重复，这很重要。不要片面追求高科技产业，而要看企业如何真正做到技术创新。

——宁波市原副市长 姚力

宁波开发区不仅要在经济建设上富有特色，而且要在党建和精神文明建设方面成为模范区，这样才是开发区完整的概念。

——中共 NETD 工作委员会原副书记 张汉楚

开发区是改革开放的一面旗帜。举着这面旗帜，有志青年会冲过来，有为企业会聚拢来。

——北仑区区长 胡奎

开发区的生命力在于它存在一个容错和创新的空间。

——NETD 管委会常务副主任 沈恩东

开发区最大的优势是体制机制的创新，与时俱进，不断地创新。

——NETD 管委会原巡视员 王一鸣

招商引资是一个饱含酸甜苦辣，需要斗智斗勇的过程。招商人员要有祥林嫂的执着精神和阿 Q 的豁达心态。

——政协宁波市北仑区委员会副主席 徐斌

开发区的服务要 365 天 24 小时随时待命，但管理部门对企业的热情要把握有度。在企业困难的时候，要主动送服务上门。在企业顺利的时候，要提供宽松的环境，不要轻易打扰。

——NETD 商务局局长 王黎明

外企、国企和私企都是开发区兴旺发达的基础，工商管理部门要一视同仁，对个私企业多做宣传解释和服务指导。

——NETD 工商行政管理分局原局长 王秋叶

在开发区搞党建工作要做好企业服务，只有有为，才能有位。

——北仑区大港社区主任 朱红明

开发区要和企业建立相互的信任。信任是最好的礼物，它并非强加而来，也非呼吁所得，而是需要一点点积累、一步步共建。

——宁波怡人玩具有限公司创始人及首席执行官 彼得·汉斯丹

附录三　开发区考核评价指标体系

（一）国家级经济技术开发区综合发展考核评价指标体系（2017）

指标名称	
产业基础	地区生产总值
	出口总额
	其中：高新技术产品出口总额
	进口总额
	其中：高新技术产品总额
	实际利用外资金额
	单位土地地区生产总值产出强度
	劳动生产率
	主营业务收入 30（东部地区）/ 15（中西部地区）亿元及以上的制造业企业数量
	世界 500 强上榜企业投资研发中心、总部中心数量
	上市企业数量
	城市地下综合管廊配套能力
	每平方公里光纤里程数
科技创新	实际用于科技创新的财政支出金额
	规模以上工业企业研究与试验发展（R&D）经费支出占主营业务收入比重
	职业技能培训机构数量
	孵化器、众创空间数量

	指标名称
科技创新	省级及以上研发机构总数
	拥有省级及以上名牌产品的企业数
	高新技术企业数
	高新技术企业主营业务收入占全区"四上"企业主营业务收入的比重
	硕士及以上学历人才数量占比
	具有高级职称的专业技术人才占比
	高技能人才占比
	每万人口发明专利拥有量
	年度 PCT 专利申请量
	年度发明专利授权量
	技术合同交易额
区域带动	地区生产总值（地区 GDP）占所在地级市地区生产总值（地区 GDP）比重
	公共财政预算收入占所在地级市公共财政预算收入比重
	税收收入占所在地级市税收收入比重
	实际使用外资占所在地级市实际使用外资比重
	高技术制造业产值占所在地级市高技术制造业产值比重
	第三产业增加值占所在地级市第三产业增加值比重
	设立产业引导基金、创业投资基金或其他政策性扶持基金个数
	企业数量增长率
	与其他国家级经开区合作共建的园区个数

续表

指标名称	
区域带动	与其他地区合作共建的园区个数 （经省级或以上政府认同的跨省合作园区）
	对口援疆、援藏、援助边境合作区个数
	土地开发利用率
生态环保	单位工业增加值能耗
	单位工业增加值水耗
	单位地区生产总值（地区 GDP）化学需氧量（COD）排放量
	单位地区生产总值（地区 GDP）二氧化硫排放量
	单位地区生产总值（地区 GDP）氨氮排放量
	工业固体废物综合利用率（%）
	再生水（中水）回用率（%）
	通过 ISO14000 认证企业数
行政效能	（一站式）政务服务大厅在线审批率
	公共服务支出占公共财政预算支出比重
	是否独立设置安全生产机构
	是否通过 ISO9001 质量认证

资料来源：中华人民共和国商务部：《2017 年国家级经济技术开发区综合发展水平考核评价结果通知书》，2018 年 4 月 6 日。

（二）浙江省开发区综合考评指标体系（2014）

目标	权数	排序	指　标	权数
经济规模	300	1	"四上"企业	20
		2	"四上"企业平均净资产	20
		3	"四上"企业主营业务收入	30
		4	合同外资	25
		5	实际外资	50
		6	内资注册资本金	30
		7	进出口总额	40
		8	税收收入	35
		9	固定资产投资	30
		10	基础设施投资	20
发展质量	300	1	技改投入率	35
		2	每万人科技活动人员数	25
		3	科技活动经费支出强度	25
		4	新产品产值率	35
		5	高新技术企业产值占比	30
		6	研发机构数	30
		7	新批大好优项目数	30
		8	高新技术企业数	30
		9	新增企业发明专利授权数	30
		10	拥有知名品牌（商标）数	30

目标	权数	排序	指　　标	权数
综合效益	250	1	工业集中度	20
		2	产业集聚率	20
		3	土地利用率	25
		4	土地税收产出率	25
		5	工业土地投资强度	25
		6	工业土地增加值产出率	30
		7	工业企业劳动生产率	25
		8	工业企业主营业务利润率	30
		9	清洁生产通过率	25
		10	工业增加值能耗下降率	25
增长速度	150	1	"四上"企业主营业务收入	25
		2	实际外资	30
		3	内资注册资本金	20
		4	进出口总额	30
		5	税收收入	25
		6	固定资产投资	20
总计	1000			1000

数据来源：浙江省商务厅：《浙江省开发区综合考评办法》，2014 年。

（三）宁波市重点开发区域发展目标考核指标体系（2015）

类别		目标名称及分值	
特色发展 （权重70%）	1	GDP及增幅（8分）	
	2	固定资产投资额及增幅（7分）	
	3	实际利用外资额及增幅（7分）	
	4	实际利用市外内资额及增幅（3分）	
	5	公共财政预算收入及增幅（5分）	
	6	外资增长	进出口总额及增幅（3分）
			其中出口额及增幅（4分）
	7	新签约总投资项目	超过20亿元项目数（4分）
			超过50亿元项目数（3分）
	8	高新技术产业产值增幅（7分）	
	9	主导产业占区域产业比重（产业集聚度）（6分）	
	10	离岸服务外包执行额（6分）	
	11	节能减排	完成节能年度目标（4分）
			完成减排年度指标（3分）
共性工作 （权重30%）	1	组织工作（5分）	
	2	宣传思想文化（5分）	
	3	反腐倡廉建设（5分）	
	4	社会治理（5分）	
	5	机关基层党组织建设（3分）	
	6	人才工作（2分）	
	7	信访工作（3分）	
	8	政府信息公开（2分）	
	9	安全生产（倒扣分）	

资料来源：宁波市重点开发区区域工作领导办公室：《关于做好2015年度重点开发区域综合考评工作的通知》，2015年12月16日。

主要参考文献

[1] [美]阿图尔·科利:《国家引导的发展——全球边远地区的政治权力与工业化》,朱天飚、黄琪轩、刘骥译,吉林出版集团有限责任公司,2007年。

[2] 邓小平:《邓小平文选》第三卷,人民出版社,1993年。

[3] 丁焕峰等编著:《开发区发展的经济学理论与实证》,华南理工大学出版社,2017年。

[4] 董颖、石磊:《区域经济的产业联动与生态化——宁波北仑案例》,浙江大学出版社,2014年。

[5] 葛洪升:《有中国特色的沿海城市发展之路》,人民出版社,1997年。

[6] 顾明主编:《中国改革开放辉煌成就十四年·宁波卷》,中国经济出版社,1992年。

[7] 李道轩主编:《北仑脚步:北仑新区时刊纪念改革开放三十

周年专题报道集》，宁波出版社，2009 年。

[8] 李道轩主编：《开放正未有穷期——宁波日报开发导刊新闻作品选》，宁波出版社，2008 年。

[9] 李志群等主编：《开发区大有希望》，中国财政经济出版社，2011 年。

[10] 隆国强主编：《构建开放型经济新体制：中国对外开放 40 年》，广东经济出版社，2017 年。

[11] 宁波市北仑区地方志编纂委员会编：《宁波市北仑区志》，浙江人民出版社，2013 年。

[12] 皮黔生、王恺：《走出孤岛：中国经济技术开发区概论》，生活·读书·新知三联书店，2004 年。

[13] 陶一桃主编：《中国经济特区发展报告（2014）》，社会科学文献出版社，2014 年。

[14] 王菁华、唐新贵等著：《勇立潮头 合作多赢——宁波对外开放三十年》，浙江人民出版社，2008 年。

[15] 王一鸣：《中国开发区实践与思考》，中国商务出版社，2016 年。

[16] 习近平：《干在实处 走在前列：推进浙江新发展的思考与实践》，中共中央党校出版社，2013 年。

[17] 习近平：《习近平谈治国理政》第一、二卷，外文出版社，2018 年。

[18] 谢永康、林崇建等著：《科学发展 共建和谐——宁波改革开放三十年》，浙江人民出版社，2008 年。

[19] 张汉楚主编:《十年辉煌路:宁波经济技术开发区十年创业史》,当代中国出版社,1994 年。

[20] 张宏明主编:《非洲发展报告(2016—2017):非洲工业化与中国在非洲产业园区建设》,社会科学文献出版社,2017 年。

[21] 郑宁主编:《经济技术开发区研究》,中国财政经济出版社,1991 年。

[22] 钟昌标、陈钧浩等:《披荆斩棘　走在前列——宁波经济发展三十年》,浙江人民出版社,2008 年。

[23] 中共宁波市委党史研究室、中共宁波市委文献研究室编:《中共宁波市委文件选编(1984.1—1988.12)》,中央文献出版社,2015 年。

[24] 中共宁波市委党史研究室、中共宁波市委文献研究室编:《中共宁波市委文件选编(1989—2002)》,宁波出版社,2015 年。

[25] 中共宁波市委经济技术开发区工作委员会办公室编:《希望之路——宁波经济技术开发区报告文学集》,宁波出版社,1998 年。

[26] 中共中央宣传部编:《习近平新时代中国特色社会主义思想三十讲》,学习出版社,2018 年。

[27] 林毅夫:《中国经济改革:成就、经验与挑战》,《人民日报》2018 年 7 月 19 日。

[28] 谷牧:《看似寻常最奇崛　成如容易却艰辛——关于对外开放工作的回顾与思考》,《求是》2009 年第 14 期。

[29] 姬超、袁易明:《深圳经济特区奇迹解释及理论启示》,《中国经济特区研究》2013 年第 1 期。

[30] 金碚:《中国改革开放 40 年的制度逻辑与治理思维》,《经济管理》2018 年第 6 期。

[31] 江合宁:《涉外经济立法是利用外资的重要保障——兼论对外商投资的法律保护及优惠》,《兰州商学院学报》1987 年第 3 期。

[32] 林汉川:《论开发区的优惠政策》,《财政研究》1994 年第 2 期。

[33] 刘艳红、郭朝先:《改革开放四十年工业发展的"中国经验"》,《经济与管理》2018 年第 3 期。

[34] 刘延松、焦少飞、张连业:《基于产业集群的开发区发展问题研究》,《华东经济管理》2008 年第 12 期。

[35] 路风、封凯栋:《为什么自主开发是学习外国技术的最佳途径?——以日韩两国汽车工业发展经验为例》,《中国软科学》2004 年第 4 期。

[36] 罗萍:《我国港口经济与临港产业集群的发展思考》,《港口经济》2011 年第 4 期。

[37] 潘熙宁:《开发区"热"的综合评析》,《统计与决策》1993 年第 4 期。

[38] 齐卫平:《略论中国共产党执政能力的国家治理现代适应性》,《观察与思考》2014 年第 12 期。

[39] 沈四宝:《论对外商投资企业的法律保护》,《对外经济贸易大学学报》1988 年第 3 期。

[40] 深圳大学中国经济特区研究中心:《总结经验 分享智慧:首届世界经济特区发展论坛研讨会综述》,《中国经济特区研究》

2014 年第 1 期。

[41] 苏东斌：《中国经济特区发展中的理论问题》，《深圳大学学报（人文社会科学版）》2001 年第 3 期。

[42] 陶一桃、张超：《近十年中国经济特区研究综述》，《中国经济特区研究》2017 年第 1 期。

[43] 王绍光：《国家治理与基础性国家能力》，《华中科技大学学报（社会科学版）》2014 年第 3 期。

[44] 王绍光：《学习机制、适应能力和中国模式》，《开放时代》2009 年第 7 期。

[45] 徐湘林：《转型危机与国家治理：中国的经验》，《经济社会体制比较》2010 年第 5 期。

[46] 许耀桐、刘祺：《当代中国国家治理体系分析》，《理论探索》2014 年第 1 期。

[47] 曾智华：《经济特区的全球经验：聚焦中国和非洲》，《国际经济评论》2016 年第 5 期。

[48] 钟坚：《深圳经济特区改革开放的历程、成就与启示》，《中国经济特区研究》2008 年第 1 期。

[49] 董丹红：《开发区产业集群的理论与实证研究》，武汉理工大学博士学位论文，2007 年。

[50] 宁波经济技术开发区管理委员会编：《宁波经济技术开发区管理规定汇编》，2001 年。

[51] 宁波经济技术开发区统计局：《宁波经济技术开发区统计年鉴/信息》，1985 年—2018 年。

［52］宁波市档案馆编:《中共宁波市历次代表大会文件选编》,2006 年。

［53］宁波市政协文史委员会编:《葛洪升同志谈在宁波的工作》,2008 年。

［54］浙江省城乡规划设计研究院:《宁波市北仑区区域空间发展战略规划研究》,2008 年 12 月。

［55］中共宁波市北仑区委党史办公室编:《在鲜红的党旗下——宁波北仑区域老领导、老同志口述资料选编》,2017 年。

［56］中共宁波市北仑区委党史办公室编:《中共宁波市北仑区历史大事记（1984—2012）》,2017 年。

[57] Irene Yuan Sun, Kartik Jayaram, Omid Kassiri, *Dance of the Lions and Dragons: How are Africa and China Engaging and How Will the Partnership Evolve?* Washington DC：McKinsey & Company, 2017.

[58] Whittaker D. Hugh et al., "Compressed Development," in *Studies in Comparative International Development*, 45(4), 2010.

[59] Xiaodi Zhang et al., *Industrial Park Development in Ethiopia*, United Nations Industrial Development Organization and China Center for International Knowledge on Development, 2018.

致　谢

本书是国务院发展研究中心中国国际发展知识中心开展的"中国园区发展经验及对发展中国家借鉴意义"课题的研究成果之一。本研究自 2018 年 1 月正式启动，经过案头研究、宁波经济技术开发区 3 个月蹲点调研、海外园区比较调研以及报告写作、修改和评议等多个阶段，历时一年，最终形成本书。本书的成形和出版得到了多方的大力支持和帮助，在此深表谢意。

感谢国务院发展研究中心和中国国际发展知识中心各位领导、专家、老师和同事给予的极大信任、长期指导和坚强保障。尤其感谢中国国际发展知识中心常务副主任兼课题组组长贡森、副主任蒋希蘅、主任助理王雄军、全球发展研究处处长周太东和课题成果质量控制专家李秉勤对本研究的指导。感谢课题组成员申秋、华若筠、刘宸、周雨等同事的帮助和富有启发的交流。感谢中英发展知识伙伴关系项目对本研究的资金支持。

　　感谢宁波市政府相关部门、宁波经济技术开发区机关和企事业单位相关领导干部、企业家和管理人员,尤其是宁波市发展研究中心主任林崇建、副主任周少华、办公室主任谢莉萍,宁波市北仑区区长胡奎,宁波经济技术开发区管委会常务副主任沈恩东、副主任王海军,以及北仑区商务局局长王黎明、公共项目建设管理中心党委书记吴鹏程、统计局周玉琴等同志对调研工作的大力支持和配合。特别感谢姚力、高勤、王一鸣等开发区原领导干部的倾囊相授,以及管委办张海航主任、余清科长在研究全程中的大力协助。他们为开发区事业不懈奋斗的精神始终鞭策着我的研究和工作。

　　感谢非洲联盟委员会、埃塞俄比亚和尼日利亚政府、英国国际发展部、东方工业园、华坚轻工业城和莱基自贸区等相关机构、部门和企业。感谢他们对海外园区比较调研工作的大力支持。海外调研对深入认识中国开发区的经验、了解海外园区发展的需求具有重要作用。

　　感谢家人和朋友一直以来的理解、鼓励和关怀。正是他们的无私关爱,支撑着我在这十多个月里日夜奋战,不断克服研究过程中的种种困难,最终完成本书。

　　学力所限,书中难免有疏漏不足之处,敬请读者批评指正!

陈　笑

2019 年 3 月于北京